DIEGO RIVERA Y FRIDA KAHLO

El amor entre el elefante y la paloma

Gabriel Sánchez Sorondo

DIEGO RIVERA Y FRIDA KAHLO
El amor entre el elefante y la paloma

Colección
Grandes Amores de la Historia

 L.D. Books

México ♦ Miami ♦ Buenos Aires

 **L.D. Books**

D. R. ©Editorial Lectorum, S. A. de C. V., 2009
Centeno 79-A, col. Granjas Esmeralda
C. P. 09810, México, D. F.
Tel: 55 81 32 02
www.lectorum.com.mx
ventas@lectorum.com.mx

L. D. Books Inc.
Miami, Florida
sales@ldbooks.com

Lectorum S. A.
Buenos Aires, Argentina
lectorum-ugerman@netizen.com.ar

Primera edición: mayo de 2009
ISBN: 978-1500-988-647

Realización editorial: Page S. R. L. (page@fibertel.com.ar)
D. R. © Portada e interiores: Victoria Burghi
D. R. ©Fotos de portada: Kutlayeu Dmitry y Javarman
(Para Shutterstock)
D. R. ©Retratos de portada: Ricardo Ajler
Corrección: Licia López de Casenave

Impreso y encuadernado en México.
Printed and bound in Mexico.

Introducción

Dice Giovanni Papini, en su Introducción a "Vida de Miguel Ángel", que el examen de las obras de arte es el más legítimo oficio de los críticos; pero que dicha indagación merece considerar una condición fundamental: toda obra tiene un autor, ha sido engendrada por un ser creador, y si no se estudia esa "causa" difícilmente pueda aprehenderse ese "efecto" perceptible en la alquimia transformadora de las producciones creativas, trátese de una pintura, una escultura, un poema, una novela, una canción. Definitivamente, "la vida de un artista –como bien expresa Papini– se destaca y se distingue, por lo insólito de sus virtudes, del vulgo inmenso de las criaturas hechas en serie." Aporta, en palabras del autor italiano, "el valor espiritual e histórico que ayuda a interpretar sagaz y cautelosamente la naturaleza humana."

En el caso de Frida y Diego, la suma de las partes produce una sinergia que cumple con lo anterior y permite tres niveles de "lectura": respecto del valor espiritual de los individuos, respecto del valor significante de sus obras y respecto de la dimensión social histórica en la que estaban insertos. Así, esta historia de amor no es universal

–no es Shakespereana, para continuar en términos literarios– sino netamente local, temporánea, inherente a dos caracteres notables. Diego y Frida pertenecen a su época y a su espacio. Son la emergencia humana del arte, en el epicentro de una tormenta de hechos determinantes para la América hispánica.

Merece así especial consideración el momento que viven, y que los influye: el baño de sangre mexicano, desatado como producto de la insatisfacción popular ante el sistema del dictador Porfirio Díaz, la presencia de Pancho Villa y Emiliano Zapata (asesinado en 1919), la de Lázaro Cárdenas y sus reivindicaciones, y por supuesto, la de José Vasconcelos, cuyo ministerio de Cultura mexicano pone en marcha el primer proyecto educativo y cultural renovador de aquel país.

Hacia 1922, cuando Diego y Frida se encuentran por primera vez, ambos están influidos por la mística de un nuevo tiempo. La revolución dejaba un legado y un mensaje con efectos tan fuertes en la rebelde Frida –que entonces cursaba el bachillerato– como en el temperamental Diego, un artista de fuertes convicciones políticas. Ambos habían sido alcanzados por la idea de un mundo más justo. Pero a su vez, ellos mismos, cada cual a su modo y por sus íntimas causas, albergaban respectivos deseos de revancha, de reivindicación.

Retomando lo personal, lo humano, en la historia del tándem Rivera-Kahlo las biografías individuales se potencian mutuamente, para superar por mucho la suma de las partes. Y al hacerlo, despliegan el gran mural panhispánico que es México en sí mismo. Con su revolución, con su cultura, con su religiosidad, con sus rupturas, con su machismo, con su insondable fuerza lírica y transformadora, y con su muy anterior –y genuino– "realismo mágico", largamente previo al slogan con que se promocionó un fenómeno editorial más tarde, durante la década del sesenta. El romance de Frida y Diego encierra una gran oportunidad para narrar, no sólo una larga historia de amor, sino una doble opción biográfica, que al enfocarse como dupla depositada en una caja de espejos, despliega esa multiplicación fascinante de seres idénticos pero diferentes; es decir, ellos mismos, ellos juntos, ellos dos, en bloque, pero reformulados hasta el infinito. Es así que podría abordarse la relación de estos "personajes atípicos que multiplican su atipicidad".

Los aventuras sexuales o sentimentales de Frida y Diego por fuera de la pareja –casi todas, dicho sea de paso, en múltiples versiones, según el autor que se tome– nos dan una pista para comprender su dinámica interna. Se han barajado nombres de terceros hasta el cansancio. Muchos de ellos se mencionan en estas páginas y otros no, a fin de no alimentar comadreos poco probados. Caben sin embargo, un par de comentarios previos al respecto. Tomemos, dado el caso, aquellos que estas páginas no habrán de abordar, considerando su compleja verificación.

Diremos, en principio, que si bien Frida fue tomada como estandarte por la comunidad lesbiana del mundo, todo su ejercicio de la sexualidad parece haber sido apenas una experimentación y, finalmente, un eterno retorno a Rivera. En este sentido, si revisamos los amoríos que se le asignan, encontramos perlas notables. María Félix, la monumental actriz mexicana (sobre quien corrieron rumores delirantes, incluyendo el que la relacionó sentimentalmente con Eva Perón), fue consignada alguna vez como paradigma de la relación triangular dentro de la cual Diego y Frida ubicaban ajedrecísticamente a los "terceros". Según esta hipótesis, el prójimo resultaba un conjunto de piezas funcionales a lo que, en definitiva, era un duelo cerrado entre dos potencias emocionales. Para comprenderlo mediante un ejemplo; la anécdota en cuestión recuerda, que la Félix era objeto de coqueteos por parte de ambos (hay versiones que hasta insinúan la consumación tripartita) y al mismo tiempo, Frida fomentaba la relación de la actriz con Diego, asegurándoles a ambos que ella se apartaría para siempre.

Otra referencia interesante para enfocar la relación es la de Georgia O'Keefe, una célebre pintora norteamericana bisexual, contemporánea de Frida, que habría perseguido al matrimonio durante varios años sin recibir jamás un rotundo desaliento. También aquí se ha hablado de un triángulo amoroso, aun sin pruebas contundentes. Consideremos que eran épocas donde la llamada "prensa del corazón" no tenía la estructura ni la trascendencia que adquirió décadas después.

No obstante, y volviendo a la modalidad triangular que sutil e indirectamente a veces practicaban Diego y Frida, sin necesidad de que hubiese sexo concreto, habrá acaso quien la considere un juego perverso. Pero lejos estaba aquello de un entretenimiento cruel, ni había vocación dañina en tal mecanismo. Esa forma de relacionarse era el instrumento que tenía la dupla para mantener sus individualidades unidas por encima de todo. Aquel era, paradójicamente, un exorcismo; una suerte de vacuna periódica contra el fantasma de la infidelidad.

Finalmente, los protagonistas de esta historia bracean, como hemos dicho, en la rompiente de un momento histórico, en lo que prometía ser el prolegómeno al gran encuentro del país azteca con su esencia india. Es en este contexto que Frida, quien decía de sí ser "hija de la revolución" y Diego, un revolucionario del pincel, entablan esta relación tan pasional y tortuosa como podría serlo una revolución misma.

No son puros animales de arte. No serán maestros ni discípulos de nadie. No vivirán al margen de los hechos tangibles y humanos que los rodean. Son un follaje enrevesado que sufre y reverdece, que se abraza y rechaza

Capítulo I
Frieda, fuera del santoral

eternamente ligado a su tierra, a su cielo, al clima y a la geografía circundante. Y sin embargo, paradójicamente, ellos que eran el México medularmente puro, se volvieron símbolo universal. Frida como estandarte de amazona rebelde, implacable ante el menor atisbo de censura o dominación. Diego Rivera, como paradigma del pintor que denuncia, pero por si ello fuera poco, va con un arma ceñida a la cintura.

Juntos, son un emblema original y extraño, donde fecunda aquello invocado por Papini: "para interpretar sagaz y cautelosamente la naturaleza humana". Cómo, cuándo y dónde sucedió todo es lo que abordan estas páginas.

Coyoacán, México. La brisa de cobre caliente se escurre por entre las calles que coquetean estrechas a los pies de la catedral: un cíclope de rostro pálido y maquillaje barroco que vigila cada movimiento. El pueblo despierta al alba con las campanas de ese templo.

Es día de mercado. Y para un 6 de julio mexicano, el calor aprieta más de lo normal. Estamos en el año 1907, por mucho que nuestra protagonista, Frida, queriendo ser hija de la revolución, afirmara haber nacido en 1910. Algo que finalmente ella misma, décadas más tarde en su diario íntimo confesará con desparpajo y gracia:

"¡Cómo me he reído! Nunca han sabido qué hacer con mi fecha de nacimiento. ¿Nació la niña el 6 de julio de 1907 o el 7 de julio de 1910? Me he divertido de lo lindo viéndoles discutir [...]. Nací con una revolución. Que se sepa, con ese fuego nací, llevada por el ímpetu de la revuelta hasta el momento de ver el día. El día era ardiente. Me inflamó para el resto de mi vida. De niña crepitaba. Adulta, fui pura llama. Soy hija de la revolución, de eso no hay duda, y de un viejo dios del fuego que adoraban mis ancestros. Nací en 1910".

Parafraseando a Carlos Fuentes, "Frida se parió a sí misma" concediéndose el año de nacimiento que quería, que elegía.

No son más de las ocho de la mañana. En uno de los rincones de la casa azul, Matilde se prepara para dar a luz a su tercera hija. Las pequeñas Matilde de nueve años y Adriana de cinco, todavía duermen. Guillermo, su marido, está sereno, aunque asume la paternidad por quinta vez. ¿Llegará esta vez el tan ansiado varón? Guillermo piensa en su padre, en aquella época pretérita en la que decidió abandonarlo todo y empezar de cero en un nuevo continente. Ya habían pasado más de quince años desde que Guillermo Kahlo llamado entonces Wilhem Kahl, se paseara pensativo por las calles de una ciudad fría y tranquila del valle de Oos, sobre las laderas de la Selva Negra, en Alemania.

La tierra lejana

La ciudad natal de Herr Kahl ostenta un cómico nombre: Baden-Baden; es una añeja localidad de fuentes termales, iglesias secretas y umbrosos paseos.

Fue allí donde apenas con diecinueve años de edad, le confesó a su padre, Jakob Heinrich Kahl, que quería irse lejos de su Alemania natal. No era extraño el deseo. En la Europa de 1891, el ruido de una paz tensa, armada hasta los huesos de cada ciudadano, sumía al continente en un estado permanente de incertidumbre y pocas perspectivas.

En contrapartida, aquella era la época de los grandes imperios coloniales, y América resonaba en los oídos de la gente como un rincón del Paraíso; un vergel de oportunidades, de selvas vírgenes y mujeres que descubrían sus hombros al sol.

México. Allí se detuvo el dedo índice de Wilhem señalando a su padre, en el globo terráqueo, el destino elegido. El viejo Jakob comprendió. Después de todo, Wilhem no era un gran estudiante ni tampoco había conseguido metabolizar, cerca de su madrastra, la reciente muerte de Henriette, su madre. Así que ahí estuvo con él, despidiéndole en el puerto de Hamburgo, con la certeza de que aquella sería la última vez que lo vería.

Wilhem se entusiasmó con el aire mexicano; le gustó desde que pisó aquella joven tierra caliente. Olía también el clima guerrero que aún reinaba entre el pueblo de la serpiente emplumada. Decenios de luchas por la libertad nacional habían tenido lugar hasta 1874, año en el que Porfirio Díaz, positivista, se erigió mediante un golpe de Estado como presidente de la República Mexicana, llevando paz y prosperidad al país.

Al joven inmigrante no le costó demasiado encontrar trabajo. Ofició de cajero, luego de librero y finalmente de joyero, como su padre, en La Perla, donde también estaría empleada Matilde, a quien tardaría en conocer unos siete años, cuando él ya no fuera más Wilhem sino Guillermo.

Hacia 1894, su vida pareció cobrar forma definitiva cuando contrajo matrimonio con María Cárdena, una guapa mexicana con la que tuvo a su primera hija, María Luisa. Pero el nacimiento de la segunda niña, Margarita, truncaría esa bonanza lineal, trayendo consigo la irreparable pérdida de su esposa.

Corre el año 1898, Guillermo, viudo y a cargo de dos niñas de siete y cuatros años, aun sufre el dolor por la muerte de su compañera. Sin embargo, unos ojos picantes y la gracia severa de esa mexicana preciosa que sonríe y llega del mercado con su canasta de frutas, le llaman la atención. Subrepticiamente comprende que quiere volver a llenar una vida con amor y esperanza; quiere a esa mujer: Matilde.

Oaxaca, la ciudad donde creció Matilde, era para ella como el espejo de su alma. Encendida de fervor religioso, sus callejuelas barrocas de cotidiana animación parecían estar siempre perfumadas de cera e incienso. La fe se olía en el ambiente.

Cuando su padre, fotógrafo (trabajaba en daguerrotipo; antecedente previo a la fotografía en papel), dio la noticia de que se trasladarían a La Ciudad, hubo una gran conmoción en la familia. Demasiados niños, demasiados preparativos. ¡La Ciudad! ¡Una ordalía de peligros y desamparo! Por eso antes de partir, Matilde y su madre fueron a encomendarse a la Virgen protectora de Oaxaca. Matilde salió con la certeza de haber sido escuchada y bendecida. La Virgen de la Soledad las guiaría por el buen camino.

Se instalaron. La futura señora Kahlo se puso a trabajar para colaborar con su familia. Se encontraba a gusto en la joyería La Perla, pero se sentía algo asediada por ese extranjero, Guillermo. El joven la cortejaba con discreta, aunque tozuda, insistencia. Además, acababa de perder a su esposa. No, a ella no le gustaba. Su madre en cambio mantenía buen trato con él, le agradaba. Era lógico que quisiera reconstruir su familia. Un hombre apuesto, con dos niñas a cargo no podía estar solo. Necesitaba una mujer.

El período azul

Matilde intuía que muy a pesar de ella, Guillermo no habría de gustarle nunca. Algunas tardes, cuando la casa quedaba en silencio, abría a hurtadillas el estuche de cuero guardado con extremo celo y releía esas cartas, las que un antiguo prometido, su único amor, le había escrito durante su noviazgo, años atrás. Era un fatal amor, que quedó interrumpido por una muerte violenta. ¿Cómo pudo perderlo así? ¿Cómo el otro osó quitarse la vida delante de sus ojos? No. Nunca amaría a Guillermo. Nunca podría olvidar ese romance de final trágico; le acompañaría en silencio durante toda su existencia. Aquel primer noviazgo había dejado una huella de sombra en el semblante de la joven Matilde, quien sufría en secreto una pérdida similar a la que había padecido Guillermo.

Finalmente, pese al poco convencimiento de la joven, tras largos paseos y conversaciones risueñas, acabó conjugándose el matrimonio. Y en 1898 se celebró la boda. Las hijas del anterior matrimonio de Guillermo fueron internadas en un convento, y ellos comenzaron una nueva vida en Tlalpan, por aquel entonces un pueblo variopinto, bastante aislado y alejado de La Ciudad. Por empeño de su esposa y asesoramiento de su suegro, Guillermo cambió de profesión y aprendió fotografía, convirtiéndose en un profesional del daguerrotipo y la cámara oscura.

A través de la fotografía pareció llegarle a Guillermo la ocasión de descubrir los secretos de esa tierra mágica, de colores brillantes, brujas e iluminados. Sació parte de su curiosidad incansable y en 1904, cuando México se preparaba para el futuro centenario de su Independencia, el gobierno porfiriano le confió la misión de retratar los edificios emblemáticos que conformaban el patrimonio cultural mexicano.

En un período de cuatro años de minucioso trabajo, Guillermo logró tomar más de 900 placas que después pasarían a formar parte del archivo arquitectónico más importante del México de 1910, y por las cuales le fue concedido un título de honor que terminaría de forjarle una reputación.

Como la familia crecía y su situación económica era próspera, en 1904 la familia se mudó a la localidad de Coyoacán. En la esquina de uno de los barrios tradicionales de la ciudad, sobre el terreno donde se erigía antiguamente una hacienda carmelita, construyeron una casa de amplias estancias, patios abiertos y escalinatas de piedra. La pintaron de azul por fuera y por dentro. La llamaron "La Casa Azul".

Tres años más tarde, un 6 de julio de 1907, la familia presenciaba la llegada de una nueva Kahlo. Un parto sin complicaciones. La pequeña era bien morena y parecía fuerte y sana. ¿Cómo la llamarían?

– *Me gustaría que tuviera un nombre alemán, Frieda. Frieda Kahlo. Es un nombre que denota personalidad y fuerza.*

"Frieda", nombre teutónico. Si bien Guillermo tenía razón en que desprendía fuerza, significaba en realidad "la que protege y trae paz".

– *¿Paz? Que se llame así entonces: Paz. "Frieda" no está en el santoral. No se la puede bautizar con un nombre que no se encuentra entre los santos.*

Magdalena Carmen Frida Kahlo; así fue como finalmente acabó llamándose a aquella recién nacida. Sus nombres encerraban toda una conjunción de orígenes que, curiosamente, ya presagiaban la naturaleza múltiple y mezclada de su personalidad. Magdalena: "ciudad de las torres", en arameo. Carmen: "poema", en latín. Frida: "la que protege", en germánico.

Dos meses después de haber nacido, Frida vivió el primer episodio trágico de su vida: Matilde quedó embarazada de su cuarta hija, Cristina, que nació exactamente once meses después de Frida. Esto impidió a Matilde seguir amamantando a Frida, razón por la cual la familia contrató los servicios de una nodriza india, de tez terrosa y pocas palabras.

Kahlo evocaría aquel capítulo de su infancia en el cuadro *Mi nana y yo*, donde se ve a una mujer indígena amamantando a una niña con cabeza de adulta, cuyo rostro es el de la propia Frida. Como si se tratara de una rara reproducción fotográfica publicitaria plasmada en cartón, la nodriza ni abraza ni acuna. Parece estar depositando a la niña en un altar aéreo para darla en sacrificio. En cuanto las facciones de la nodriza, quedan ocultas bajo una máscara precolombina, exaltando la dimensión mítica de su "criadora" sin semblante humano, como encarnación del propio destino; temible, rígido, implacable.

Desde la primera infancia de las niñas, Matilde decidió, contrariada, que las maneras y fantasías de su hija Frida eran demasiado enérgicas, lindantes con una temeridad atípica para el "sexo débil". En cambio Guillermo se deleitaba frente a ese aire guerrero, desafiante. "Será una mujer especial, no lo dudes, Matilde" solía decirle a su esposa, evidenciando ya al tiempo un favoritismo notable por la díscola niña.

Infinidad de anécdotas que adornaron la niñez de Frida constituirían el soporte de su obra artística de adulta. Ella misma usaba un lenguaje de carácter mítico para explicarse siempre cada suceso:

"De esa agonía sin fin que ha sido mi vida diré: fui como un pájaro que hubiese querido volar y no pudo [...]. Ahí estaba el ímpetu vital. El cuerpo no respondía. Las alas temblorosas, sin poder abrirse, caían de nuevo pesadamente al suelo."

Esta metáfora del pájaro caído en tierra que usa sus alas inertes como muletas para levantarse, no alude sólo a su accidentada vida física, sino a las limitaciones que su espíritu encontró siempre, en momentos intermitentes en los que la esperanza se perdía, al verse confinada sin remedio en una jaula de huesos quebrados.

Hija de la revolución

– *¿Qué coses, mujer?*
  – *Un traje de ángel para Frida.*
  – *Matilde, la niña pidió un avión, no un ángel. No es lo mismo.*
  – *Calla, Guillermo. Ella no sabe lo que pide. Los aviones no son juguetes de niña. Un ángel le hará más ilusión. Esta niña está muy descreída. No quiero que se vuelva una atea como tú.*

Frida se sorprendió. ¡Qué avión más grande! Pero cuando abrió el envoltorio descubrió una tela blanca cubierta de estrellas doradas y cosidas a la espalda, dos grandes alas de paja trenzada. Después de pasar el desconcierto debió pensar que, al fin y al cabo, también eran alas; con ellas también podría volar. Hizo el amago de elevarse en el aire. Pero fue imposible despegar los pies del suelo. Su corazoncito se quebró. Todo el mundo a su alrededor estalló en una risa nerviosa. No comprendían la expresión ahogada de Frida. Ella, en cambio, no admitía que no supieran explicarle lo que estaba sucediendo. "Todos me parecieron incoherentes, como seres de pesadilla". Y después de largarse a llorar con furia, lanzó todas las maldiciones que era capaz de inventar una niña "contra la gente que estaba al otro lado del espejo, en su realidad, y que no había entendido nada." Frida pintó esta escena en 1938, bajo el nombre de *Piden aviones y les dan alas de petate*. Y cerraría su relato en su diario íntimo con esta sentencia:

"Era sin duda una señal del destino. Una repetición de las escenas que el futuro, mi rosario de obstáculos, me reservaba".

Una forma de orfandad

Sería el año 1911 cuando Frida y Cristina se dispusieron a marchar en hora temprana a la escuela. Primer día de clase. Primera profesora. Qué aspecto tan raro tiene.

"Con esas trenzas que parecen falsas y ese vestido como de hombre pero sin pantalón…"

¿Por qué está todo oscuro? La maestra sostenía, una en cada mano, una vela y una naranja. Y hacía girar la naranja en torno de la vela, explicando en tono lúgubre el movimiento de traslación del sol y el origen del universo. Frida empezó a sentir miedo. Los demás parecieron percibirlo, porque volvieron sus caras hacia ella. El sonido de una fuente había interrumpido el discurso de la maestra mientras a Frida le invadía una sensación de calor y repentino bienestar. ¡Se había orinado encima!

"Me quitaron los calzones mojados y me pusieron los de una niña que vivía enfrente de mi casa. A causa de eso le cobré tal odio, que un día la traje cerca de mi casa y comencé a ahorcarla. Ya estaba con la lengua afuera cuando pasó un panadero y la libró de mis manos."

– *¡Qué vergüenza, Frida! Voy a tenerles que pedir disculpas a todos los vecinos por tu culpa. Ya puedes ir rezando varios avemarías para que Dios te perdone.*

No sólo no rezó aquella vez sino que en toda ocasión sucesiva en que se orara, como durante las comidas, en el momento de bendecir la mesa, tuvo que reprimir su risa una y mil veces.

Guillermo solía lamentarse de haber dejado en el convento a sus hijas del matrimonio anterior, hermanastras de Frida. Por la misma razón, valoraba enormemente las vacaciones y las fiestas, durante las cuales gozaba de toda su prole femenina reunida bajo el techo de la casa azul.

En uno de aquellos veranos al sol, estaba María Luisa sentada en su bacinilla (que por entonces se usaba hasta edades más avanzadas que las de hoy) y Frida sintió el impulso de empujarla. La pequeña María Luisa cayó aparatosamente al suelo y, vengativa, le gritó:

"Tú no eres hija de tu mamá y de mi papá. A ti te recogieron en un basurero."

Aquella provocación, casi universal entre hermanos y niños que quieren herirse, no le fue sin embargo indiferente a Frida. Ella todo lo metabolizaba de una manera oscuramente fatal. Así, arrastraría consigo la sospecha de una forma de orfandad, que ella misma hilvanaba con el mito de la nodriza india personificada en sí misma.

La conexión con el padre

Uno de esos días, quizás ya hacia 1913, poco tiempo después de que "Friducha" cumpliera los seis años de edad, salieron con su padre Guillermo a pasear; un rito íntimo y feliz que repetían cuando les era posible, sin ser esto demasiado frecuente para no despertar celos ni regaños maternos. Caminaban por el Bosque de Chapultepec o bosque de saltamontes (un espacio sagrado para los antiguos indígenas), donde abundan milenarios ahuehuetes, cedros, sicomoros, fresnos. A Guillermo le encantaba pasearse por allí con su cámara en ristre y Frida colgada de su brazo, dejándose guiar.

Por aquel entonces, el gusto porfirista pretendía emular las usanzas de los aristócratas en los bosques europeos, de modo que solían verse desfilar por allí las correspondientes calesas tiradas por caballos, transportando elegantes mujeres con sus sombrillas. Recorriendo los senderos también era frecuente encontrar pequeñas glorietas e incluso fuentes y monumentos, donde se celebraban fiestas en fechas oficialmente establecidas. Guillermo, que era un águila para detectar situaciones curiosas estaba atento a esas escenas sociales, prontas a desvanecerse con el estallido de la guerra civil. Su hija percibía esa mirada visionaria:

"He aprendido mucho de la manera en la que él miraba. Ese hombre de apariencia tan plácida, cuando se encontraba fuera parecía tener todos los sentidos despiertos, casi al acecho".

Lo que sin embargo no podían prever ella ni él, era el rayo fulminante, ya no de la historia social, sino del propio destino sobre la pequeña unidad de ellos mismos.

En medio del paseo, Guillermo, que sufría ataques de ese tipo con frecuencia, se desplomó: rígido, como una lanza de yeso que se precipita contra el suelo y se desgaja. Friducha se apresuró a sacar el pequeño botellín de éter que su padre siempre llevaba encima para los ataques; se enrolló la correa de la cámara alrededor del brazo e intentó levantarle la cabeza. El hombre consiguió erguirse con la ayuda de su hija. Pero como si aquel episodio le hubiese recordado un destino trágico en alianza con su progenitor, apenas pasada la noche de aquel episodio, llegó una mañana con la primera maldición importante en la vida física de Frida Kahlo:

"Cuando quise levantarme, tuve la sensación de que unas flechas atravesaban mi muslo y mi pierna derecha. Sentí un dolor terrible, no podía apoyarme."

El médico diagnosticó poliomielitis.

¡Frida Kahlo, "pata de palo"!

– Esta niña tendrá que pasar varios meses en cama –sentenció el galeno–. Denle baños de nogal y pónganle compresas calientes sobre las extremidades. Esto aliviará el dolor. Pero es probable que su pierna quede afectada y no termine de desarrollarse, por lo que tendrá que llevar botas ortopédicas.
– ¿Quedará lisiada, doctor?
– Eso no se puede prever. Pero el deporte, de toda clase, será vital para su recuperación.

Como consecuencia de la enfermedad, Frida conoció la burla en su más clara expresión: "¡Frida Kahlo, pata de palo!" le gritaban. Esta vez, ya no era la fantasiosa inventiva de su hermanastra que buscaba herirla. Era el hecho tangible e irrefutable de su cojera lo que se volvía contra ella.

Sin embargo, lejos de amilanarse, Frida perseguía a los provocadores enfurecida, para enfrentarse a ellos. El refunfuño y la poca integración social hicieron mella en su aspecto. Frida no sólo se acicalaba poco sino que además fruncía tanto el ceño, generalmente para intimidar a algún provocador, que su madre se desesperaba.

– ¡Cambia esa cara, Frida, que así estás muy fea!

Ni su padre, que la había acompañado durante la convalecencia leyéndole cuentos, pintando con ella acuarelas, y haciéndola reír, conseguía alegrarla. Cual pájaro inválido, su hija se aburría en la jaula de su tristeza. Y deambulaba por la casa.

En aquellos tiempos, Frida se dedica a recrear mundos paralelos mediante distintos rituales. Uno de ellos era encerrarse en su habitación, soltar en el espejo todo el aliento del que era capaz y dibujar una pequeña puerta. Cerraba los ojos, la atravesaba y se imaginaba en otro lugar, con unas diminutas alas en los pies que la llevaban volando hasta la tienda donde decía "Pinzón". Por la "o" de "pinzón" caía suave a través de un túnel que la conducía hasta el centro de la tierra, donde la esperaba su gran amiga imaginaria, muda y sonriente, con la que danzaba hasta un cansancio feliz. No importaba que sus amigos no la quisieran. Ella no los necesitaba. Tenía aquellos bailes que exorcizaban el dolor; como después, mucho después, haría con su pintura, otra salida a un mundo menos hostil.

La rigidez materna

A medida que ella acumulaba heridas, su padre se iba consolidando como un cómplice, casi un par con quien compartía cierto extrañamiento ante la aspereza del mundo. Seguían haciendo caminatas por parques cercanos mientras Guillermo tomaba fotografías. Luego en la casa, ella lo ayudaba en los procesos de revelado y retoque con pincel, conocimiento que sin duda rescataría años más tarde para conseguir efectos detallistas en muchas de sus pinturas.

La particular precocidad de Frida se verá reflejada en muchas situaciones, donde se revelará aguda, inteligente y también capaz de una leal complicidad. Cuenta una anécdota que la niña, de apenas siete años, había sido depositaria de un secreto; aparentemente su hermana Matilde, en plena adolescencia, se había fugado del hogar y Frida era la única que conocía los pormenores del caso.

– Pero, ¿dónde está esta niña, Guillermo? ¡Qué vergüenza para la familia! ¿Cómo, cómo la encontraremos? ¡Guillermo! ¿A dónde vas?"

Guillermo se refugió en el salón dando un portazo. Los gritos de su esposa le estaban volviendo loco. Necesitaba estar a solas para pensar. Seguramente Matilde hija no se habría fugado sola. Todo hacía suponer un asunto de amores.

Frida callaba. Miraba cómo su madre pasaba de la cólera a la desesperación mientras su padre seguía encerrado. Pero ella sabía guardar un secreto. Se lo había prometido a "Matita":

– *Tú no digas nada, Friducha. Me marcho a Veracruz con mi novio. Cuando seas mayor lo entenderás. Pero tú no digas nada. ¿A que me guardarás el secreto?*

Frida guardó el secreto y Matita estuvo prófuga durante cuatro largos años. Cuando decidió volver, doña Matilde se negó a abrirle la puerta. Matita hubo de pagar su falta con dádivas y cestas de frutas que estuvo depositando en la puerta de la casa azul hasta ser perdonada. Así era Matilde. Inflexible al extremo. Quizás la falta de piedad propia de las madres, en el imaginario convencional, fuera lo que acentuaba en Frida aquella virtual sensación de orfandad.

La Ciudad

En 1922, en un clima histórico de progreso e ilusión nacional, Frida, a la edad de quince años, aprobó el examen de ingreso a la Escuela Preparatoria Nacional.

– *¡Podré ser médica, papá! ¿Has visto? De dos mil alumnos sólo treinta y cinco mujeres hemos aprobado el examen.*
– *Estaba seguro de que aprobarías, Friducha. Estamos muy orgullosos de ti.*

Cuando Frida pisó por primera vez la Ciudad, quedó maravillada. Bullicio, mendigos, hombres de negocios, puestos de venta de tacos y tortas de maíz, vendedores ambulantes, organillos, ladrones, mariachis, mujeres, estudiantes, limpiabotas, multitud, vida. Frida veía por primera vez el mundo en movimiento.

La escuela era reflejo de esa nueva sociedad. La magia de la heterogeneidad permitida volvía a darle alas para volar. Es verdad que las chicas de su edad le parecían ridículas con esos atuendos tan recargados, y que todas las miradas se volteaban cuando la recién llegada caminaba por los pasillos del claustro con su corbata azul, su sombrerito y una mochila cargada a la espalda, que parecía contener un microcosmos. Pero ahora no le importaba que la mirasen. Ni siquiera su pierna le molestaba.

En el alumnado se evidenciaba la realidad social de la época. Proliferaban camarillas expresando las aspiraciones más diversas de sus integrantes. Había grupos partidarios de las reformas del flamante ministro de Educación Vasconcelos, grupos católicos, grupos literarios…

Frida se unió al de los "Cachuchas", llamados así por sus gorras, cuya consigna era la creatividad y la irreverencia, dirigida contra cualquier tipo de autoridad. Años más tarde, todos sus integrantes serían profesionales destacados en cada una de sus especialidades. Y con uno de ellos, Alfredo Gómez Arias, Frida encontraría su primer amor de juventud.

Capítulo II
Diego Ego

Cae la tarde en Guanajuato, capital del Estado, a comienzos del año 1882. El joven maestro de escuela Diego de Rivera se alisa las solapas de su mejor traje mientras sonríe frente al espejo. A pocas casas de distancia, María del Pilar Barrientos escucha los últimos consejos de su madre, doña Nemesia. Afuera, un acorde de guitarras somnolientas enciende el ánimo del pueblo. Lo dicen los vecinos que pasean, conversan, comentan; lo dicen los candiles de la plaza, más encendidos que nunca; lo dice el sábado tibio… Hay boda, habrá fiesta. "Fiesta pagana", le comenta Diego con una sonrisa a uno de sus íntimos.

Es un ateo incorregible y se jacta de ello. "Nunca me verán rezando", suele decir tras el segundo tequila. Es cierto. Ni siquiera rezará cuatro años después, la tarde del 8 de diciembre de 1886, mientras la gran mayoría celebra en Guanajuato la Festividad de la Concepción de la Virgen y el otrora novio, en lugar de orar fuma: va de un lado a otro, angustiado y tenso. Espera alguna novedad de su cuñada Cesaria, partera, o del médico, encerrados en esa maldita habitación de la que sólo provienen murmullos y quejidos indescifrables. Claro que no, Diego no emite plegaria alguna, pero desearía poder hacerlo; poder creer en algún dios a quien rogarle de rodillas que su mujer no pierda otro embarazo, tras dos intentos fallidos que incluso hicieron peligrar la salud de María, como está peligrando en este instante.

El joven matrimonio, aún sin progenie, ha crecido en otros aspectos. Habita una linda casa de la calle Pocitos y don Diego se ha desarrollado profesionalmente como consejero municipal. Participa en proyectos de educación rural y realiza largos viajes a caballo, inspeccionando las escuelas del Estado.

Desde la alcoba al fondo del corredor, donde le han prohibido entrar, se oye repentinamente un chillido agudo, animal, que le hace olvidar todas las reglas. Corre por el pasillo, abre la puerta y solo ve pequeños movimientos en las tinieblas de la habitación con las cortinas bajas. Atina a preguntar (¿a rogar?):

– *¿Está vivo?... ¿están vivos?*
– *Todos están vivos, Diego. Los tres, la mamá y los niños están bien. ¡Eres padre de gemelos!*

Y Diego decidió en el instante que el primero en salir del vientre llevaría su nombre.

Pintor, ateo e "ingeniero"

María también puso su nota, asignando a ambos una secuencia de nombres en la que se combinaban cuestiones religiosas, relativas al día del nacimiento, y homenajes familiares varios. Así, los recién nacidos acabaron siendo bautizados como José Diego María de la Concepción Juan Nepomuceno Estanislao y José Carlos María de la Concepción, ambos de la Rivera y Barrientos Acosta y Rodríguez. No serían tan semejantes, sin embargo, los destinos que tendrían aquellos críos. Uno, se convertiría en el pintor mexicano más célebre de todos los tiempos. El otro, moriría a los dos años de edad.

A poco de nacer, el futuro artista plástico revela una temprana extraversión. Es conversador, brioso e inteligente. Desafía las órdenes paternas y gusta de inventar historias para lograr sus objetivos. Mientras a su madre esto último la exaspera, a don Diego padre le divierte: si tiene gracia para inventar, tiene gracia para crear.

Pero era en la gráfica más que en la palabra donde esa inventiva se hacía notable y precoz. "El recuerdo más remoto que tengo de mi infancia es el de estar dibujando", recordará Diego al evocar cómo en sus primeros años de vida, acostumbraba estampar garabatos en cualquier superficie, con insaciable voracidad por dejar su impronta.

Al cabo de cierto tiempo, hastiados sus padres de encontrar monigotes en paredes, billetes y documentos de valor, le asignarán uno de los cuartos más grandes, con entera libertad para que lo "decore" como quiera, a condición de que respete el resto de la casa. Esa habitación de paredes blancas es la primera conquista política de Diego Rivera. Allí pintará sus incipientes murales.

En paralelo con su expansivo estilo, Dieguito Rivera hace visible un temprano jacobinismo. A los cinco años ya se evidencia ateo, para terror de su madre y felicidad de su padre. Cuenta la anécdota que un día, la tía Vicenta llevó a pasear al crío a una de las capillitas cercanas a la casa. Le indicó que se arrodillase y pidiera a la Virgen algún deseo:

– *Para qué le voy a rezar Totota, ¿no ves que esa virgen es de madera como los santos que tenemos en casa? No me va a oír, porque ni siquiera tiene hoyos en las orejas.*

– Esta virgen es la imagen de la que está de verdad en el cielo. Si le pides algo a ésta, la del cielo te oirá y te lo concederá.
– ¡Qué tontería! ¿Acaso si le pido un trencito me lo traerá?

El chisme se difundió por el pueblo y sumado a episodios similares, le crearon tal fama al pequeño irreverente que fue aceptado en el círculo de los librepensadores, junto al boticario, tres ingenieros de minas, un investigador y el propio Rivera padre. El niño, se había forjado un conjunto de amigos cuya edad promedio rondaba los sesenta años. Cariñosamente lo apodaban "El ingeniero", por su bonita costumbre de destripar trenes y maquinarias de juguete para luego, una vez que había entendido su funcionamiento, recomponerlas.

Hurgar en el mundo

Una segunda anécdota le ganó entre las mujeres de la casa fama ya no de ateo, sino de ser diabólico e inquietante. El hecho en cuestión transcurrió cuando su hermanita María estaba por nacer. Aproximándose el día del parto, ante la evidencia de la panza de la madre y las insistentes preguntas del niño, una de las tías de Diego improvisó una confusa explicación acerca del vientre y la concepción. Aquello impresionó mucho al pequeño, que sin embargo quiso ahondar en el asunto. En esos días, su madre lo sorprendió tratando de abrirle el vientre a un ratón con un cuchillo de cocina:

– ¿Pero qué haces, por Dios? – preguntó horrorizada.
– Quiero saber de dónde vienen los ratoncitos y cómo están hechos.

Espantada, María corrió hacia su esposo para decirle que habían engendrado un demonio. Divertido ante la ocurrencia de su mujer, don Diego sentó a su hijo en sus rodillas y le preguntó:

– *Cuando le quisiste abrir la panza al ratoncito, ¿se te olvidó pensar en su dolor? Dime, hijo, ¿fue eso? ¿Tus ganas de comprender el mecanismo del animal pudieron más que su dolor?*

El pequeño quedó estupefacto, sintiendo que le invadía una fuerza perversa pero incontrolable, como así lo confesaría años más tarde, en un reportaje, siendo ya un artista consagrado.

Sin embargo, el episodio del ratón fue crucial, pues dio motivo a que su padre le explicara pacientemente el proceso exacto de la reproducción humana y algunos secretos de anatomía, lo cual tuvo en él un efecto decisivo. ¿Por qué? La respuesta merece una aclaración.

Diego, como artista, practicaba una suerte de auto-censura: evitaba dibujar aquello que no conocía profundamente. A tal punto que aún de adulto, tardaría en hacer paisajismo, pues se negaba por ejemplo a pintar una montaña o una falla si no conocía con detalle los procesos geológicos. Frente a aquellos trazos improvisados de su padre quedó fascinado con la ingeniería corporal. Desde esa conversación empezó a dibujar cuerpos fragmentados, heridos, fracturados... Ahora ya sabía cuál era su verdadero funcionamiento; podía pues dibujarlo sin temor a ser impreciso.

Ante la nueva producción gráfica, don Diego supuso que la vocación de su hijo era la cirugía. Pero no tardó mucho en cambiar de parecer cuando para su gratísima sorpresa, descubrió unos bocetos donde el niño había dibujado planos de batallas y realizado apuntes sobre campañas militares. Creyó entonces que el chico tenía vocación castrense. Qué felicidad. Se recuperaría la tradición marcial de la familia. En consecuencia, Dieguito ingresó a la academia militar preparatoria. La aventura no duró demasiado. Le sobrepasaron tanto la disciplina y la imposibilidad de dibujar, que en cuanto pudo huyó y regresó a casa rogando que no le devolvieran a aquel odiado lugar.

Así, una a una, fueron pasando sus posibles vocaciones, todas las cuales parecían truncas. Menos la manera en la que conseguía darles rienda suelta: el dibujo.

El muñeco yerto

En el pueblo, las cosas no iban bien para los Rivera y don Diego decidió cambiar de aire. La familia se trasladó entonces a la Ciudad de México. La capital generó, sin embargo, un profundo rechazo en el pequeño Diego. Su carácter se volvió antipático y hostil. Cayó enfermo de escarlatina y de tifoidea, y por casi dos años dejó de dibujar. Durante su convalecencia, su tía Totota despertó en él la vocación lectora. Le contaba cuentos que lo hacían transportarse a mundos imaginarios, incitándole así a recuperar su instinto creador. La amistad entre tía y sobrino creció tanto, que éste hasta accedió a acompañarla a las iglesias pobres de la vecindad, iniciativa que Totota ilusamente interpretaba como un regreso del niño al camino de la fe.

En cambio Cesaria, la otra tía, suponía todo lo contrario. Seguía temiendo la naturaleza diabólica que el niño infundía en mucho adultos, hasta en su madre, por momentos, y se persignaba con disimulo cada vez que Diego la rondaba.

Cesaria nunca olvidaría el más macabro episodio, ese que la familia guardaba bajo siete llaves. Teniendo Diego ocho años y María tres. La mamá había quedado embarazada del pequeño Alfonso, pero el bebé nació muy enfermo y llegó a vivir apenas nueve días. Durante la vigilia, el cuerpito descansaba en un ataúd sobre el piano. Diego y María correteaban por la casa, y mientras los adultos lamentaban la pérdida en una habitación, al resguardo de las travesuras de los niños, éstos decidieron jugar "a mamás y papás" y no con una muñeca, sino con el pequeño cadáver. Al cabo de un rato, los hermanos acabaron enzarzados en una pelea a grito limpio. Cuando los mayores entraron a la habitación los encontraron disputándose el cuerpecito. ¿A quién sino al mayor de los hermanos podía culparse?

La mala fama de Diego se acrecentaba y, aunque sin convicción, su padre accedió a enviarlo a una escuela elemental dirigida por sacerdotes. Pero ante su constante e irrefrenable tendencia al dibujo, que recuperó junto con la salud física, lo enviaron a la Academia de Bellas Artes de San Carlos.

Viaje a la esencia

Pese a la falta de espíritu vanguardista en la docencia de la Academia, Diego estudió al lado de grandes maestros. Con esta experiencia a cuestas, a los diecisiete años de edad, el joven partió en un viaje iniciático por el interior de México. Buscaba conocer a fondo el arte rural y desarrollarse creativamente. Durante cuatro años recorrió pueblos y ciudades, capturando con el pincel los rostros naturales de su tierra. Su motivación se acrecentaba con la buena recepción que recibía de los colegas. Comenzó a sentir entonces que su país le quedaba chico y surgió en él el deseo de viajar a Europa, donde el legado de los viejos maestros y las nuevas escuelas lo ayudarían a resolver ciertas dudas relativas a su capacidad. Fantaseaba con la idea de vender primero sus cuadros, y con ello ahorrar para el pasaje a la "Madre Patria". Para la época, el joven Diego no generaba expectativas serias en casi nadie, salvo en su progenitor, que lo apoyaba incondicionalmente. Sería por su intermedio que el Gobernador de Veracruz, don Teodoro Dehesa, decidiría promocionar al joven Rivera, otorgándole la tan ansiada beca que le permitiría formarse en Europa.

Para comprar su pasaje, Diego organizó una exposición en la que consiguió vender todos sus cuadros. Y así, con el bolsillo lleno de sueños y trescientos francos franceses mensuales de pensión, partió rumbo a España.

Caminos y excesos

En 1907, Diego llega a Madrid. Es el gran quiebre en su historia personal. No pisa aquella tierra como un mero viajero, sino con convicción de artista. Asume orgulloso esa condición y adorna su metro noventa de altura coronándolo con un gran sombrero de ala ancha. Al tono, se lucen sus enormes zapatos, hechos a medida. Es la vestimenta apropiada al personaje que comienza a crear. Cuando ese gigante de ojos grandes y saltones entra a los cafés de la Gran Vía, su porte inevitablemente despierta comentarios.

Con apenas veinte años y un par de recomendaciones logra entrar en el taller de Chicharro, reconocido pintor de la escuela de Zuloaga y Sorolla. Al poco tiempo, su arduo trabajo da buenos frutos, y Chicharro, sorprendido por los asombrosos progresos de su alumno, lo insta a viajar por el país para impregnarse de las diferentes corrientes pictóricas tradicionales y del momento. Diego se pone en camino. Goya, Velázquez y El Greco lo deslumbran. Pero el acercamiento a esos genios también lo martiriza. Su implacable autocrítica lo hunde por momentos en la depresión: cree estar pintando mediocridades.

Se evade de esos pozos yendo a los cafés y tertulias que frecuentan otros plásticos y escritores. Allí, entre españoles y también algunos compatriotas, se sigue reinventando; en este caso mediante la conversación. Evoca una infancia ficticia, fruto de multiplicar episodios oscuros (el del ratón o el hermanito muerto, repetidos en decenas de variantes) y de agigantar cuentos tremendistas sobre los efectos de la guerra civil en la vida de su familia. Su propia biógrafa, Gladys March, señalaría en una ocasión que al recordar el pasado, Rivera no era capaz de discernir con claridad la realidad de la ficción.

Diego pasó así de un gran entusiasmo creativo a un abandono casi total en manos de la vida bohemia, improductiva para su pintura. Alternaba entre excesos de alcohol, enfermedades, desórdenes metabólicos que lo harían hincharse como una pelota, frivolidades, amantes simultáneas. Sin embargo, aquel no sería un tiempo del todo muerto: deambulando sin brújula por Madrid entablaría largas conversaciones con obreros españoles, que le revelan una realidad social que él desconocía.

La situación en España bajo el marco de una monarquía frágil representada por un joven Alfonso XIII, se agravó con la Guerra de Marruecos, la Semana Trágica de Barcelona y el creciente desasosiego popular. Diego, interesado en la ebullición social, decidió que tenía que moverse, ya no sólo por el profundo interior de España sino también de Portugal, donde habitaba la mayor pobreza de la península. Y emprendió la marcha.

Desde Portugal, su viaje continuó en busca de los centros urbanos desde los que estaban surgiendo las nuevas ideas, la vanguardia: Francia, Bélgica, Holanda e Inglaterra. En Londres, Rivera quedó impresionado por los estragos del progreso industrial, la miseria, el gris del Támesis. En las noches, cuando conversaba con sus compañeros de viaje, se exaltaba en una crítica descarnada y aseguraba que Inglaterra era un sitio miserable, del cual difícilmente pudieran emerger artistas o se celebrara el gusto estético.

El gigante y el pájaro azul

En cambio, en la ciudad de Brujas, Bélgica, recobra sus ganas de pintar. Su ánimo se revitaliza especialmente al conocer, por intermedio de su amiga Marie Blanchard, a una pintora francesa de origen ruso, seis años mayor que él, con quien iniciará una larga, e intercalada, historia de amor. Se trata de Angelina Beloff, a quien cariñosamente él llamará "Quiela".

En el otoño de 1910, Rivera vuelve a México para realizar, con motivo de la celebración del Centenario de la Independencia, una exposición que será todo un éxito. Su estancia en el país natal será breve pero reveladora. La conjunción de arte y lucha social encarnada en el campesinado de su propio pueblo cobra para él un sentido nuevo. Ha visto el mundo y empieza a ver su aldea. Pronto estará pintándolas.

En junio de 1911, Diego Rivera vuelve a París, sin imaginar que habrá de quedarse en Europa diez años más antes de volver a su patria. Angelina Beloff le aguarda impaciente. La pareja compone un curioso contraluz. Ella, frágilmente bella, parece iluminar el espacio con sus profundos ojos azules. Él, inmenso y expansivo, se diría que es el árbol y el follaje para tan delicada criatura. Ya el escritor Ramón Gómez de la Serna, con quien Diego entablaría una franca y duradera amistad, describía a Angelina como "la encantadora figura de un pájaro azul con sonrisa". Rivera también sucumbió a ese hechizo, y la conservó en su memoria por medio del pincel.

Un año más tarde, después de su viaje conjunto a Toledo, la joven pareja se traslada a un *atelier* en Montparnasse. Este barrio y su pertenencia al "gremio" de artistas bohemios serían las dos constantes de su estancia en París.

Entre los años 1913 y 1918, tiene lugar la etapa cubista de Rivera. Produce unas doscientas obras en esa línea y asume el riesgo de su primera exposición individual, precisamente en París. Se da un hecho curioso, acaso accidental, cuando el propio promotor de la exposición, Berthe Weill, comete la torpeza de querer presentarlo como un fenómeno diciendo:

"Vengan a ver al joven, libre, independiente y encontrarán sus obras, en medio de la torpeza sin límites, el encanto primaveral de la juventud sin la intención de agradar, lo que les encantará".

Esto no atrae precisamente la atención de los críticos de arte, que prácticamente lo ignoran, aunque algunos unos pocos compradores lo favorecen. Rivera consigue, pese a todo, vender los suficientes cuadros como para sostenerse económicamente durante un período.

Tiempos de guerra

En 1915 llega su madre a París, para visitarle. A través de ella y otros compatriotas exiliados, Diego se entera del caos por el que está atravesando México. Lo conmueve la idea de que su país, con Zapata a la cabeza, esté luchando por su identidad nacional, contra el yugo opresor.

Entretanto, durante la guerra europea, Marie Blanchard, Diego y Angelina, que compartían estudio y vivienda en París, reproducían domésticamente un enfrentamiento encarnizado y constante, que parecía el correlato de la batalla que se libraba fuera. Ninguno de los tres quería resignar tiempo de trabajo a realizar tareas ordinarias de limpieza. El abandono de los convivientes era calamitoso.

En cierta ocasión, según cuentan amigos del grupo, el olor de un filete podrido inundó la casa durante más de veinte días, porque nadie se dignó a cocinarlo a riesgo de ser tomado como el más débil en la resistencia del "no hacer nada".

En distintos aspectos, 1917 será un año memorable para Diego, que se siente en franca sintonía con el ritmo del mundo. Se escribe la nueva Constitución en México, estalla la Revolución rusa y nace su primer hijo, Dieguito, concebido con Angelina. Empieza a frecuentar menos los cafés y cada vez más el lienzo. Se renueva en él un gran interés por la pintura figurativa y por el impresionismo. Hacia fin de año, sin embargo, declinaría esta efímera bonanza.

El terror del invierno trajo consigo la peor de las pesadillas. Con menos de un año, Dieguito moría de frío y meningitis, y el lazo de unión entre Angelina y Diego se cortaba abruptamente, se iba con aquella minúscula vida, para siempre.

El peso de la guerra y la destrucción humana asfixiaban a Rivera. El armisticio de 1918 lo encuentra desinteresado del mundo. No sale a la calle a festejar como sus colegas y amigos. Se ha quedado en la muerte y en el invierno.

Cual indigente o refugiado afectivo, recurre a Marevna Vorobëv-Stebelska, una muchacha rusa extremadamente joven a la que había conocido en sus trasnoches de bohemia. La adolescente, que lo admira, lo recibe incondicionalmente. Poco a poco, Diego recupera la paz en un amor, más cómodo que pasional. De esa relación sin grandes expectativas, en 1919 nació, sana y fuerte, una niña a la que llamaron Marika.

México llama

Con la llegada de la paz, surgen también nuevas amistades. Diego Rivera conoce a Elie Faure, gracias a cuya compañía ahonda en un mundo nuevo de teorías y conocimientos plásticos, amén de depurar su interés por el Renacimiento. Fruto del "renacer" que experimenta paralelamente en lo personal, en 1920 parte a Italia con una mochila cargada de pinceles, óleos y una profunda convicción: poco le queda de estancia en Europa. Lleva su patria consigo, como una segunda piel que lo impulsa a viajar y formarse para cumplir con su destino: pintar para el pueblo, pintar al servicio de la revolución. Por fin descubre lo que desea; ser muralista de México y de su libertad. A dos años de su partida a Italia, Angelina todavía lo espera en París y le escribe sin prisa ni pausa. Carta del 19 de octubre de 1921:

"En el estudio, todo ha quedado igual, querido Diego, tus pinceles se yerguen en el vaso, muy limpios como a ti te gustan. Atesoro el más mínimo papel en que has trazado una línea".

Carta del 15 de noviembre de 1921:

"No quise descolgar tu blusón del clavo en la entrada: conserva aún la forma de tus brazos, la de uno de tus costados. No he podido doblarlo ni quitarle el polvo por miedo a que no recupere su forma inicial y me quede yo con un hilacho entre las manos".

Carta del 2 de enero de 1922:

"En los papeles que están sobre la mesa, en vez de los bocetos habituales, he escrito con una letra que no reconozco: 'Son las seis de la mañana y Diego no está aquí'".

Carta del 28 de enero de 1922:

"Sabía yo por amigos que le mandas dinero a Marievna Vorobëv-Stebelska, pero que le enviases trescientos francos conmigo, rogándome con tu letra presurosa que se los hiciera llegar *C'est un peu fort,* ¿no, Diego?".

Aquella del dinero para Marievna debió ser la única noticia que en casi dos años recibiera Angelina de Diego. Su regreso a la patria ya no podía esperar más.

Era un hecho que venía madurando desde la muerte de Dieguito, su primer hijo. Sin siquiera tomarse el trabajo de notificarle a Angelina el final de su relación, armó un pequeño bolso con sus pocas pertenencias y emprendió el viaje.

Sacudido por la revolución, el México al que llegó no podía resultar más atractivo a los ojos del pintor. Sus intensos azules y marrones eran el correlato del nuevo continente emocional que buscaba y necesitaba. El marco político acompañaba aquel colorido. José Vasconcelos era el nuevo ministro de Educación, bajo el gobierno del presidente Álvaro Obregón. En su nuevo programa cultural había cabida de sobra para el recién llegado artista, y fue oficialmente invitado en 1921 a acompañar al Presidente y a otros artistas e intelectuales en un viaje a Yucatán.

Un año más tarde ya le encargan su primer mural, para el anfiteatro de la Escuela Preparatoria Nacional. Llevaría por título *La Creación,* y para su concepción Rivera necesitó un año. El sueño era ambicioso, integrador: todos los ideales de la revolución deberían estar plasmados en su obra.

Es por aquellos días de gloria que Diego conoce a Guadalupe Marín, la belleza más ardiente y provocadora de Jalisco. Ambos se enamoraron, y contrajeron matrimonio en apenas unos meses. Pero Diego cotizaba muy en alta y no estaba hecho para la fidelidad. Pronto llegaron las peleas constantes, que resonarían públicamente durante los cinco años de esa unión.

Y es que Diego tenía, en particular, una debilidad. Lo hipnotizaba la frescura enérgica de ciertas muchachas que redescubría en su México natal, tras el largo exilio. No estaba lejos el tiempo de cruzarse con aquella que expresaba especialmente ese nuevo tiempo: una revolución sobre una revolución. Un rayo auspicioso y fatal, encarnado para siempre en la niña feroz, la niña santa, niña de luz y fuego. La niña del dolor.

Capítulo III
Desde el mural

Diego está concentrado, en su propia desconcentración. No suele pasarle esto. Tiene frente a sí el trabajo más importante que ha recibido hasta entonces en su vida. Con una mano sostiene el pincel, la otra se le ha quedado apoyada en su propia frente, como si estuviera intentando cerrar un túnel de dudas. Son incertidumbres que lo atraviesan por sorpresa, y no tienen que ver con el mural. Son dudas convocadas por recuerdos: el extranjero, las muertes, esfumarse allá y aparecer aquí, parado en el andamio.

– *¿Molesto si lo miro mientras trabaja?*

Corría la temprana década del veinte cuando Frida y su padre comentaban un artículo publicado en el periódico *El Tiempo*. El ministro de Cultura había seleccionado a los mejores pintores del momento para realizar un mural en el anfiteatro Bolívar de la Escuela Preparatoria. La iniciativa, puesta ya en práctica en otros edificios públicos, respondía a la necesidad de llevar el arte a un terreno de acceso colectivo y popular, de retomar en cierto modo, como en su momento lo hiciera el arte románico, el sentido funcional y pedagógico del hecho creativo; esto es, de ilustrar por medio de él no sólo la historia de México sino la idea de una nueva nación, y hacérsela llegar al pueblo, especialmente a los sectores iletrados.

Los Cachuchas comulgaban con éste y con cualquier otro proyecto socialista de Vasconcelos, pero como iconoclastas instintivos, conspiraban contra los autores (también contra los docentes) y en el caso de los pintores, ya habían intentado derribar a algún muralista del andamio, con resultados no fatales pero sí meritorios. Ese era el tipo de guerrilla que practicaban.

El hecho de que hasta la prensa criticara a "los monos de Rivera" (refiriéndose despectivamente a los indígenas de su obra) y que esas mismas polémicas resultaran publicadas en los medios internacionales, había expandido mucho la fama de Diego. Su actitud política multiplicaba las posibilidades de su obra.

Un Cachucha ya lo había espiado y advirtió que no convenía atentar contra él. Realmente, su solidez impresionaba tanto como sus carcajadas. Casi siempre llevaba puesto el mono de carpintero, arrugado, y un sombrero de ala ancha. Cuando se paraba con las manos en la cintura parecía un *amish* ebrio.

Pero Diego no está ebrio allí, parado en el tablón. No está ebrio sino abstraído, transportado. Sigue con la mano derecha en la frente mientras la puerta se abre y con vibración de huracán, entra el silencio; entra por el túnel de recuerdos al cuerpo de Rivera. Traspasada, su testa allí en lo alto recibe todo ese silencio que no iba solo; ingresaba al pintor como un tercer ojo invertido, imponiendo una voz:

– *¿Molesto si lo miro mientras trabaja?*

Y Diego empieza a volver, a volver del extranjero, de la muerte, de su mural, de sus colores; vuelve a esa niña de… ¿doce?, ¿trece años? Pura dignidad. La olvidará casi en el acto, de todos modos, pero Frida ya fue sembrada y Diego es tierra fértil.

Ella toma asiento y apoya el mentón en su puño. Así pasa una hora con la mirada fija en el pincel, o en Diego. Así pasa una hora. Lupe va y viene, resoplando.

– *Bueno, niña, ¿no crees que ya es hora de que te vayas a tu casa?*

Frida se gira para mirarla y enseguida voltea su cabeza hacia el mural sin contestar una palabra.

– *¡Mírala, Diego! ¡Ni se inmuta la niña! Sí que es valiente.*

Indiferente a Lupe, Frida permanece allí plantada durante otras dos horas más. Finalmente se levanta, sacude su falda y se despide de la pareja, sin sonreír, con un "Buenas noches". Tiene quince años, no los doce que aparenta.

"Nunca podríamos hacer caer a un hombre así del andamio… Algún día, tendré un hijo suyo."

Dos billetes a Coyoacán

Hasta entonces, Alejandro Gómez Arias, líder de los Cachuchas, era el amante y mejor amigo de Frida. Sus encuentros eran clandestinos, generalmente pactados en horas de luna. Ella le recitaba versos como un Cyrano y el los recibía como una Roxane que se dejaba conquistar. Fantaseaban con la idea de realizar juntos un viaje por los Estados Unidos.

Para ahorrar, Frida trabajó en una carpintería y en una biblioteca. Adoraba ese último trabajo, pero lo perdió abruptamente a raíz de un episodio escandaloso según el cual, la jefa de Frida habría intentado abusar de ella.

Rivera, por su parte, participaba en la política como miembro activo del Partido Comunista. Para el mes de marzo terminaría el mural de la Preparatoria y seguiría con más de cien murales por encargo del gobierno. Con Lupe, en cambio, las cosas no irían tan bien. Las continuas aventuras amorosas del pintor con otras mujeres deterioraban día a día la relación.

Tras aquel primer encuentro, Frida también dejó en el limbo a Diego, pero con esa certeza sibilina que le permitía saberse junto a él en el futuro, del cual Frida sólo tenía retazos.

Dos veranos más tarde estaría caminando, feliz, al salir de la escuela, con la brisa de frente, con las manos entrelazadas a Alejandro, a punto de subir al autobús, cuando él le daría a ella un pequeño objeto que acaba de armar precariamente, con una hoja de papel.

– *Toma para ti. Una sombrillita con vuelo, como tu falda.*
– *¿Qué, suben o no, muchachos?*
– *¡Alex, se me perdió la sombrillita!*
– *¡Vaya, maestro, que nosotros tomaremos el siguiente camión, gracias!*

Frida tiene sólo recortes del futuro, ese mural incompleto que pinta Diego hace dos años. Por eso ella entra como un túnel en sus recuerdos. Ese bus que va cerrándole para siempre un destino y abriendo otro.

– *¡Aquí está, la encontré!*
– *¡Bien, ahí llega otro bus! ¿Vamos?*

Dos billetes a Coyoacán. Toda una hora de trayecto para estar juntos; así lo concebían Frida y su amante. Era una muestra, apenas, de esa eternidad invulnerable que sienten los adolescentes frente al mundo, a sus deseos, a sus cuerpos. Y que frágiles son sin embargo todas estas cosas. El tiempo, por ejemplo, y su falsa dimensión proporcional. No hace falta una hora ni un siglo para la gloria o el horror. El tiempo, que tramposamente se articula en horas, minutos, segundos, pero prescinde de ellos para inyectar fatalidad. Le alcanza un soplo ínfimo para que cuerpos, deseo y vida entera, se desvíen brutalmente de los carriles proyectados durante años, de cara a muchos años más. Una hora para estar juntos, cinco segundos para separarse.

Polvo y metal

El bus se dispone a cruzar las vías del tren que conducen a Xochimilco. La barrera está en alto, el vehículo cruza normalmente la mitad de su extensión pero se detiene un instante; se ha apagado el motor. El conductor trata de volver a encenderlo, gira llave rápidamente una vez, dos, tres... oye el traqueteo a su derecha, ve al tren que avanza, devorando distancias, metros, brazos, cuellos... Rechina el metal de los rieles, un crujido ronco oprime los asientos mientras la chapa se contorsiona y repliega formando una suerte de fuelle helicoidal.

Del interior del bus brotan gritos, y hay cuerpos que salen despedidos como esquirlas: son los pocos pasajeros que no quedaron prensados cual papel en esa masa indescifrable.

Arrastrando pellejos de hierro y cristal, la bola sigue con animalidad propia, lo hace unos metros más hasta que se detiene. La última exhalación de ese organismo asesino en marcha, antes de silenciarse totalmente, es una bocanada de humo denso, que surge desde un motor y se instala al ras del suelo, a la altura de los cadáveres, desplegando un manto siniestro.

Alejandro, que ha sobrevivido, se incorpora, refregándose los ojos; le arden como si le hubiesen echado ácido. Busca a Frida entre los despojos. Y la encuentra, desnuda, cubierta de sangre. Una barra de metal le atraviesa el cuerpo. ¿Es posible que esté viva? Sí; habla. Dos socorristas espontáneos corren hacia un café cercano y alcanzan una mesa de billar que servirá de camilla. Allí la tumban.

Un temerario desconocido le arranca el barrote que atravesaba su torso. La pobre niña se retuerce de dolor y grita tan alto que las sirenas de la ambulancia quedan opacadas: todos se vuelven hacia ella. Alejandro se queda llorando en el campo de batalla, como un niño actor que ha olvidado su papel y no encuentra la salida del escenario. Mientras se llevan a Frida al hospital repite: "Se morirá", una y otra vez.

Pero Frida no morirá, precisamente porque es la contracara más absoluta de su blando amante juvenil. Aquel tronar de maderas y metales resultaría, finalmente, la música negra con la que Kahlo recibiría su bautismo de fuego, su iniciación al mundo de lo inexplicable. Mundo en el cual sólo sobrevivirá exorcizando el sufrimiento, traduciéndolo en símbolos e imágenes, en otra música, física y visceral, que narrar sobre el lienzo. Música del color y del dolor con la que abrirá las ventanas de su cuerpo en cada imagen.

Los médicos también creyeron que Frida moriría. La internaron de urgencia en el quirófano, sin saber muy bien cómo la recompondrían o cómo sería su evolución. El diagnóstico fue severo: fractura de la tercera y cuarta vértebras lumbares; tres facturas de pelvis; once fracturas en el pie derecho; herida profunda en el abdomen causada por una barra de hierro que entró por la cadera izquierda y salió por la vagina, desgarrando el labio izquierdo. Y más: peritonitis aguda, cistitis hematúrica.

Frida pasó un mes internada en el hospital.

Una caravana de amigos, familiares y Cachuchas pasó a verla, y colmó los pies de su cama de toda clase de obsequios, de chocolates. Paradójicamente, en cambio, sus padres no la visitaron durante las primeras semanas. Ambos enfermaron de la angustia que les produjo el accidente. Fue Matilde, su hermana quien se ocupó de ella ininterrumpidamente. Su alegría a prueba de balas resultó el soporte más íntegro que encontró Frida.

Finalmente le dieron el alta, pero la prescripción médica indicaba llevar durante nueve meses un corsé de yeso. Aquella mortaja en vida significaría, sin embargo, mucho más que un período de convalecencia. Esa jaula sin barrotes se instalaba para siempre en la vida de Frida. Expresaba todas las limitaciones de su complexión física y emocional para el resto de su vida.

El "Ave Frida"

Durante los primeros tiempos posteriores al accidente, la casa azul se tornó gris y silenciosa. La pesadumbre de tener a Frida enferma y la apretada situación económica que atravesaban, tenía a los Kahlo sumidos en una profunda tristeza. Los cuidados médicos que requería la joven Frida para su restablecimiento eran demasiado costosos. Sus padres, para sobrevivir, debieron hipotecar la casa y vender parte del mobiliario a tiendas anticuarias.

Mientras, Frida reflexionaba. Estaba descartando la idea de ser médica y tal vez cualquier otro tipo de formación académica. ¿Qué perspectivas vitales le quedaban ahora? ¿Y Alejandro? Seguía sin tener noticias de él. ¿Por qué se habría distanciado? Sospechaba que el muchacho hubiese tomado como excusa para alejarse alguna de las infidelidades en las que ella, era cierto, había incurrido durante la relación. Lo artero, sin embargo, era que las reeditara justo después del accidente, tras saber (como sabía todo el mundo) que Frida había quedado tullida, y ya no serían tan agradables los encuentros furtivos con ese cuerpo desfigurado. Alejandro no sabía a ciencia cierta qué tan dañada había quedado la chica, pero daba la impresión de que ni siquiera estaba en sus planes enterarse.

A mediados de 1925, y contra todo pronóstico, el "Ave Frida" resurge de sus cenizas. Un fuego traducido en impulso vital mana de su interior con tanta intensidad, que parece sanar su cuerpo. Por primera vez en tres meses logra levantarse:

– *Hija mía, ¿estás segura de que quieres ir a la Ciudad? Todavía tienes el cuerpo vendado y aún estás muy débil. ¿No quieres que papá te acompañe?*

– *No mamá, gracias. Tengo que ir sola. El médico dijo que necesitaba aire y sol. Y me siento bien. Quiero caminar.*

La joven Kahlo dirigió sus pasos hacia una parada de bus. Pidió un billete a Ciudad de México y se dispuso a recuperar el mundo perdido de camino al lugar donde la pesadilla comenzó. Sólo deseaba ver a Alejandro, así que decidió ir a buscarle a su casa. "Alejandro no está", le dijeron desde la puerta. Entonces se fue a la biblioteca y horas más tarde tocó de nuevo el timbre de su casa. Todavía no había llegado, pero le avisarían "que ella estuvo ahí".

Por la tarde, Frida reconfirmó sus intuiciones conversando con una amiga de la escuela. Alex había comentado que ella era una mujerzuela. Los rumores empañaron la imagen de la ex Cachucha más carismática, y generaron el rechazo del grupo.

Ya no era reconocida entre los suyos. Si algo faltaba por perder era esa última brizna de juventud. "Me quiero tal como soy", le escribiría poco tiempo después a Alejandro, aludiendo ya no sólo a las cicatrices sino a la libertad con que ella asumía el cuerpo desde siempre; mucho antes, incluso, del accidente.

Balada de la revolución personal

La vocación libertaria de Frida involucraba un placer escandalizador. Le gustaba ponerle ácido al mundo hispano-católico que habitaba, y son frecuentes las instancias donde saca a brillar estos gestos provocadores, donde habita también un humor vital, una humorada constante ante la rigidez del prójimo. Las anécdotas al respecto son infinitas, pues hacen al comportamiento habitual de Frida, pero hay un incidente muy temprano que, gracias a la vocación fotográfica de su padre (conviene destacar que la fotografía no era tan frecuente en el México de 1926, salvo para las familias ricas o en celebraciones especiales) queda documentado para la posteridad. La imagen en cuestión no falta hoy en ninguna biografía que se le escriba.

La génesis de la imagen a la que aludimos se inicia una mañana, cuando don Guillermo decide fotografiar a la familia en pleno y les pide a todos que se engalanen a tal fin. Ya todos están formados para la toma y Frida tarda en aparecer. Ha generado, por lo pronto, una expectativa. Finalmente se presenta la rebelde de los Kahlo. Y su madre, desespera:

– *¡Pero cómo se te ocurre! ¿Es que quieres matarme a disgustos?*
– *Mamá, sólo es un traje con corbata, ¿por qué tengo que llevar siempre vestidos de encaje y volados? ¿Qué tiene de malo un traje de pantalón y chaqueta?*

– *Debería darte vergüenza. Eres una mujer, no un hombre, ¿qué consigues vistiéndote así?*
– *Consigo ser yo; consigo hacer lo que me da la gana.*

A fines del verano de 1926, Frida debe volver a usar corsé de yeso y una nueva prótesis, más sofisticada, para su pierna derecha. Postrada una vez más, se sumerge en la lectura de Proust, y empieza a trazar unos primeros monigotes sobre fondo blanco, que retratan escenas de su vida cotidiana. Su padre, advirtiendo el interés que la muchacha está desarrollando por las ilustraciones, le construye un improvisado caballete adosado a la cama.

La nueva disposición del mobiliario en ese lecho de convalecencia, incluye un gran espejo que le permite observar ampliamente el entorno con el cual deberá convivir durante otra temporada. Aquel reflejo permanente de sí misma se convierte en una herramienta para comprender y reformular su alteridad. Don Guillermo comenzó a proveerle también materiales; pinceles, oleos, témperas…

Poco a poco fue pasando del esbozo al color y con éste, consiguió desplegar otra dimensión.

Lo primero que brotó en el lienzo fue un autorretrato. En él, una joven de belleza contenida y atuendo rojo parece tender la mano. Su cuello de cisne, al estilo de Modigliani, soporta una mirada regia, aristocrática. Un mar bravo de olas negras avanza sobre la figura; es el diablo que rompe la calma. *Autorretrato con traje de terciopelo rojo*: así bautiza aquella primera devolución de sí misma. En el reverso escribe:

"Frida Kahlo a la edad de diecisiete años, en septiembre de 1926, Coyoacán. Hoy es siempre todavía".

Sin embargo, esa no es su edad real. Tiene diecinueve, pero ya empieza a jugar con el tiempo.

Alejandro ha desaparecido para siempre de su horizonte, y con él se cierra la puerta de su adolescencia. Frida se ha aferrado a la pintura con la fuerza de un náufrago. Sigue en el género del retrato, tomando a sus amigos y familiares como modelos, reincidiendo en un aire renacentista y estilizado.

Comienza también a documentarse, a inquietarse por la técnica, seleccionando materiales en función de las posiciones en que puede acomodar su castigada complexión. La pintura es su acotada perspectiva y su punto de apoyo universal. Frida crece, despliega sus dotes, echa a volar su talento y partiendo de su minusvalía como catalizador del genio, se sumerge tranquila y concienzuda por los laberintos de la composición.

La niña y el Titán

Finalmente, en 1928 Frida se recupera. Su exilio del mundo exterior ha sido tan extenso como la fuerza que la impulsa a reinsertarse como un animal social. No siente miedo ni rencor, sino voracidad por la vida pública, por el contacto con las personas, por el afuera en general. Emerge, además, con un don muy concreto y está dispuesta a ponerlo en juego.

Frida Kahlo ha comenzado a frecuentar el ambiente artístico mexicano. A través de un gran amigo suyo conoce a Julio Antonio Mella, célebre militante comunista cubano en el exilio, y a su compañera, Tina Modotti, una de las tantas amantes de Rivera. Con la campaña presidencial de trasfondo, disputada entre Vasconcelos y el polémico Ortiz Rubio, la joven artista entra en el Partido Comunista.

El círculo se cierra y a través de estos nuevos elementos presentes en su vida, Frida llegará otra vez a Diego. Han pasado seis años desde aquel primer encuentro, cuando la niña y el titán se vieran por primera vez.

En una de las muchas reuniones en que se encuentran artistas e intelectuales activos de la nueva era política que vive México, Tina le habla en un susurro a Frida mientras juega con una copa de vino en la mano. Hay música y humo en el ambiente. Una luz tenue las envuelve. Al fondo, algunos personajes se congregan en torno al gigante Rivera.

– *¿Así que ya conocías a Diego?*
– *En realidad, no personalmente. Me gustaba molestarle en el colegio, mientras pintaba los muros de la Preparatoria.*
– *¡Ah! Así que lo conociste cuando eras una niña. Pues ahí donde lo ves, tan grande, tan feo, es el centro del universo femenino. No hay mujer bonita que en esta ciudad no haya tenido a Diego como amante.*
– *¿A ti también te tuvo?*
– *Por supuesto, querida. Como a casi todas sus modelos. Así conquistó a su mujer. Pintó su alma en un muro y la atrapó. Ahora están separados. Parece ser que Lupe se cansó de compartir a su marido con otras y que él se cansó de no poder hacerlo. Hasta sedujo a su cuñada. Y luego fue mi turno. Pero Lupe no lo va soltar. Acabará pidiéndole que vuelva con ella y él se quedará.*

Frida escucha a Tina, pero como una música de fondo que apenas le brinda cierta información documental. Su atención total está dirigida a ese hombre que libera una energía desproporcionada y cautivante.

Diego ocupa un gran sillón y mueve la cabeza asintiendo a sus propias palabras, acentuando los detalles acerca del último viaje que ha hecho a la URSS, donde le recibieron como un héroe del arte popular. Parece que sin embargo, él ha encontrado banal la producción artística rusa y que por eso, y para apoyar la causa del Partido en su campaña vasconcelista, decidió regresar a México.

Aquellos ojos saltones no la registran, pero Frida sigue enfocando y recordando. Decide que lo mejor será atraparlo en privado. Quiere conocer a fondo al pintor de murales, no sumarse a las huestes de los obsecuentes. Necesita su consejo, su presencia próxima. Necesita indagar en esa energía que más allá de la incandescencia superficial, intuye verdaderamente sabia en materia creativa.

Necesita, además, y fundamentalmente, su consejo, su conocimiento, el aval de su fuerza. Sabe que está pintando los muros de la Secretaría Pública del Ministerio de Educación. Irá a verle y a pedirle opinión sobre sus cuadros.

El cazador cazado

Una semana después de aquella noche, Frida tomó el bus con varios lienzos cargados bajo el brazo. Entre ellos, llevaba su primer autorretrato, retratos de sus hermanas y una pintura muy original de Pancho Villa y Adelita. Cuando entró en el Ministerio, Diego estaba, otra vez, encaramado al andamio. Tenía un cigarrillo en la boca. Frida volvió a sentirse pequeña. Pero esta vez tenía algo entre manos. Tenía un pasado, tenía una obra, tenía seis años oscuros reconvertidos en forma y color.

– *¡Eh, Diego! ¡Baje un momento!*

Diego la mira desde arriba y cree ver algo familiar, además de una belleza extraña, como la de un animal arisco, fuerte y débil a la vez. Pero esto no lo distrae lo suficiente. Le explica a la muchacha con un par de gruñidos que no bajará, que está ocupado, que vuelva otro día.

– *Oiga, no vengo a coquetear con usted. Vengo a mostrarle mis cuadros. No quiero cumplidos. Si le interesan dígamelo, y si no, también, para dedicarme a otra cosa y así ayudar a mis padres.*

Rivera, desconcertado vuelve a mirarla. ¿Por qué no bajar? La chica es frontal. Y él se merece un descanso. Baja. Suelta el último humo de su tabaco, lo aplasta en el piso con el pié y haciendo el gesto de un hombre que desafía a otro a pelear, señala con el mentón los lienzos enrollados. "Muéstreme", le dice.

Frida va desplegando su obra en el suelo. Lo hace pacientemente, pues siente que este tiempo le corresponde y nada de esto debe convertirse en un trámite. Mientras ella desenrolla las pinturas, los ojos saltones de Rivera comienzan a enfocar con una curiosidad inesperada para quien ha visto tanto. Su gesto hosco se ablanda, pero sin ternura; con verdadero interés y algo de desconcierto. Sólo atina a hacer una pregunta:

– *¿Tiene usted más?*
– *Sí pero sería difícil para mí traerlos todos. Vivo en Coyoacán, en la calle Londres 127. ¿Querría visitarme el domingo?*
– *Me encantaría.*

Diego llega a la puerta de la Casa Azul, pero antes de golpear, un sonido le llama la atención: alguien silba "La Internacional" (el himno internacionalista del proletariado, la melodía con la que solían identificarse los comunistas a comienzos del siglo XX). Mira hacia arriba y encuentra el origen de la música. Es la propia Frida, subida a un árbol, vestida de overol.

Al verlo, ella comienza a descender con la agilidad de un primate. Con una risa alegre, toma de la mano al visitante, y lo guía a través de la casa, directamente hasta su habitación. Entonces, casi sin mediar palabra, empieza a desplegar un cuadro tras otro. Diego los encuentra radiantes. Le impresiona esa frescura infantil y policromática que al mismo tiempo va al corazón, a lo esencial de las personas, animales y objetos.

Los rostros, las bestias, las frutas, todos esos colores vibrantes parecen hablarle en un lenguaje nuevo que lo sorprende favorablemente y lo desorienta, abre nuevos caminos estéticos a su propia mirada. Mucho tiempo después, Rivera dará testimonio elocuente de aquella instancia:

"Esas imágenes me llenaron de una maravillosa alegría. Entonces no lo sabía aún, pero Frida acababa de convertirse en la realidad más importante de mi vida. Y lo siguió siendo hasta el momento de su muerte, veintisiete años más tarde".

El rojo demonio

Fue el comienzo de un vínculo profundo y completo. Diego entabló relación con toda la familia Kahlo y ellos estuvieron bien dispuestos a la amistad del pintor. Diego adoptaría como costumbre visitar a Frida todos los domingos, empapándose de la evolución de su obra, conversando inicialmente sobre arte y luego sobre muchos otros temas, entre los cuales no faltaban la política y la literatura. Por supuesto, no hicieron falta demasiados domingos para que Frida y Diego se convirtieran en amantes.

Ambos eran voraces, querían vivir rápido e intensamente. Y lo cierto es que, aunque primero fue un asunto de admiración y deseo, pronto empezaron a enamorarse. Esto no pasó inadvertido para don Guillermo, que un día decidió tomar el toro por las astas.

– *Diego, ¿puede venir un momento, por favor?*
– *¡Cómo no, señor Kahlo! Dígame.*
– *He visto que se interesa usted por mi hija. ¿Sabe qué edad tiene?*
– *Ah, es eso. No le parece bien que yo sea veintidós años mayor que ella, ¿no?*
– *No, no es eso. Quiero decir que ella parece joven. Pero en realidad ya no lo es. Mi hija lleva un demonio dentro.*
– *Sí, lo sé.*
– *Y ¿no le importa saberlo?*
– *En absoluto.*
– *Bueno, yo he cumplido con mi deber de padre. Haga usted lo que le parezca.*

Lejos estaba Rivera de atemorizarse. Por el contrario, ya la incorporaba incluso a su pintura, según da cuenta un retrato de Frida en su mural *Balada de la Revolución*, realizado en el Ministerio de Educación Pública. Allí Frida aparece en un panel llamado *Frida Kahlo repartiendo armas*. Vestida con una falda negra y una camisa roja, lleva una estrella roja en su pecho. Frida es representada como miembro del Partido Comunista Mexicano, al cual de hecho, se había unido recientemente.

Capítulo IV
Balaceras y mariachis

Frida era la última de las hermanas Kahlo en contraer matrimonio. Su boda con Diego Rivera, formalizada el 21 de agosto de 1929, alivió el temor de sus padres a soportar habladurías acerca de la preocupante soltería femenina. Sin embargo la familia no estaba contenta.

La madre, Matilde, rechazaba la unión por aberrante y la criticaba con su habitual acidez: "Parece la unión entre un elefante y una paloma", diría en una ocasión. El elefante, por si fuera poco, era comunista, ateo y mujeriego.

Guillermo, aunque mucho más cauto y tolerante, también tenía sus dudas respecto de esa dupla. Y llegaría a advertirle a Diego:

"Mi hija es una persona enferma y lo será toda la vida; no puede olvidarlo. Es inteligente pero no es hermosa. Recapacite, y si a pesar de todo desea usted casarse con ella, tiene mi consentimiento".

Finalmente, don Guillermo fue el único de la familia en concurrir a la boda, que se celebró en el Ayuntamiento de Coyoacán. De la foto de los recién casados, se desprende que el enlace estuvo exento de pompa. Lo risueño de Diego contrasta con lo severo de Frida. Él, enorme, con un traje informe, una corbata corta que se detiene bajo el pecho y su inconfundible sombrero sostenido en la mano izquierda. Ella, evidentemente incómoda en ropas demasiado femeninas, luce un largo vestido estampado de infinitos pliegues y un rebozo sobre los hombros. Muchos collares y unos coquetos zapatos claros completan su vestuario.

Más allá de todo contraste malicioso, las diferencias anatómicas resultaban notables: Diego, con cuarenta y dos años, medía 1.86 y pesaba 136 kilos. Frida, con veintidós años, medía 1.60 y no superaba los 44 kilos.

Se podía presagiar que aquella unión vendría acompañada de extravagancias imposibles. La intuición popular se confirmó el mismo día de la boda.

Dos escándalos en una noche

Los novios y sus invitados se retiraron a casa de un amigo para hacer la fiesta nupcial, donde no faltaron todo tipo de discursos, brindis, y canciones a cargo de un eufórico grupo de mariachis. Acudió incluso la mismísima Lupe Marín, expareja de Diego (los rumores indican que se auto-invitó, pero nadie le sugirió que se retirara), que durante un rato, como en un baile de máscaras, logró disfrazar sus sentimientos con compostura y gentileza. Pero al cabo de unas horas, presa de un feroz ataque de celos y estimulada por unos cuantos tragos de más, se acercó a Frida hablando con estridencia.

– *¡Fíjense bien, amigos! Déjenme mostrarles algo… Diego ha preferido cambiarme a mí por esta mujer de pata de palo.*

Tras lo cual no sacó un arma, sino que fue su propia mano derecha la que consumó el más humillante crimen, arrancando de cuajo la falda completa de Frida. Allí quedaron sus piernas pálidamente desnudas, tan frágiles y blancas como su rostro. Frida, que tenía un carácter fuerte, quedó sin embargo superada por la situación, mientras Lupe coronaba su actuación con una sonora carcajada y una salida teatral de escena.

La gente enmudeció. Frida se retiró con la cabeza alta al piso de arriba, donde había una terraza con vista a las luces y barrios de Coyoacán. Aquella boda era evidentemente, un paradigma de lo que sería la dinámica accidentada y vertiginosa de esa relación. Un cielo y un abismo, una y otra vez, sin solución de continuidad, hasta que la muerte un día disolviera inexorablemente ese vértigo.

Mientras intentaba reflexionar y apaciguarse, una voz ahogada por el tumulto de la fiesta llegó a sus oídos:

– *¡Frida, Frida! ¡Baja enseguida, es Diego! ¡A ver si tú puedes controlarlo porque está a punto de hacer una locura! ¡Ese gordo ha bebido demasiado tequila!*

La Kahlo bajó y entró en la sala. No podía creer lo que estaba viendo. Rivera había sacado su pistola y estaba disparando al aire, a diestra y siniestra. Una de las balas ya había atravesado la mano de un invitado, entre otros daños. También vio una lámpara de cristal destrozada en mil pedazos sobre la alfombra. Y Diego que seguía con el arma en alto, gatillando y girando cual trompo descontrolado.

– *¿Pero es que te has vuelto loco, Gordo? ¿Has perdido la cabeza?*
– *Yo hago lo que quiero, palomita. Esta es mi fiesta y aquí mando yo.*
– *Bien, pues sigue divirtiéndote tú solo porque yo me voy.*

La vida conyugal acababa de comenzar.

Reconciliaciones y rupturas

A los pocos días, un Diego extremadamente abatido acudió a la Casa Azul en busca de su esposa, quien lo había abandonado pocas horas después de casarse. Frida no necesitó hacerse rogar. Tras saludarse con cierta frialdad, pero con genuinos deseos de estar juntos, los recién casados-separados-reconciliados, salieron de la casa tomados de la mano.

La agitación social mexicana acompañó los primeros tiempos del matrimonio Rivera-Kahlo. Las tensiones políticas dentro del Partido Comunista eran agudas, y era notoria la enemistad que se había creado entre Diego y algunos de sus jerarcas. La prensa también alimentaba ese conflicto, denunciando una falta de coherencia en Rivera, a quien le endilgaban no ser lo que pretendía (es decir, un comunista leninista puro) sino un "zapatista agrarista pequeño burgués". Muchos de sus camaradas compartían esta opinión y el contexto local ya no era tan acogedor para el muralista.

Las críticas recrudecieron cuando Diego fue designado en el cargo de director de la Academia de San Carlos, una institución de altísimo prestigio local e internacional por cuanto fue la primera escuela de artes del Continente. Se lo acusaba de oportunista y de no ser un verdadero revolucionario.

Hastiado del hostigamiento y decepcionado, Rivera renunció al Partido Comunista y cerró su "auto-expulsión" con gesto teatral: sacó su pistola del bolsillo, la mostró al tribunal y acto seguido la rompió. Sólo era de yeso.

Primer luto en días de rosas

Más allá de eventuales escándalos menores, las cosas iban bien para la flamante pareja. Disfrutaban de una vida tranquila (a su modo), plena de lujos y comodidades. Frida había reinstalado su feminidad en otro tipo de atuendos, y empezaba a acostumbrarse a las largas faldas plisadas, que atenuaban la diferencia entre sus piernas y disimulaban su cojera. Se recogía el cabello en un gran moño tejido de flores y piezas de plata, y de su cuello dejaba colgar enormes collares de piedras aztecas y lapislázuli. Diego adoraba esa especie de mexicanidad sobrecargada que había concebido su princesa.

Frida pintaba menos. Prefería dar largos paseos y preparar floridas cestas con frutas para llevárselas a su marido al Ministerio de Educación, donde éste seguía trabajando incansablemente en los murales. Ser la esposa perfecta se había convertido en lo más importante. La pintura quedaba relegada a un segundo plano. Sin embargo, en aquellos mismos días produjo un autorretrato, clave dentro de su obra, titulado *El tiempo vuela*, en el cual estableció el estilo folklórico que se convertiría, con los años en su firma de artista.

En cuanto a la convivencia hogareña, todo se le había puesto a favor a la Kahlo: hasta Lupe Marín la ex mujer de Rivera que la había humillado tan cruelmente el día de su boda, se había incorporado a la casa como amiga y como una suerte de informal "ama de llaves", ayudándola a preparar los platos favoritos de Diego.

En reconocimiento a su noble gesto, Frida la retrató. Aquel cuadro, sin embargo, quedó fuera de las colecciones y está hoy en paradero desconocido, si es que aún existe. Más bien, se cree que Lupe lo destruyó en otro de sus ataques de celos compulsivos.

Recibir al esposo cansado que regresaba a casa para la cena era una de sus obligaciones más deseadas. Una rigidez excitada le invadía el cuerpo cuando se aproximaba la hora de ver aparecer al gigante azul por el umbral de la puerta. La mesa estaba puesta. El colorete recién retocado. La puerta se abría y una sonrisa de felicidad se dibujaba en la cara de Frida. "Ahí está", exclamaba con ilusión infantil. "¿Cómo está hoy mi Fridita adorada?", solía preguntar Diego al verla.

Uno de esos mediodías, como de costumbre, Frida le llevaba el almuerzo a Diego cuando se le nubló la vista y cayó desplomada. El pánico fue total, pero no se extendería por mucho tiempo. Pronto llegó el médico. Y, contrariamente a las temidas noticias sobre su salud que recibiera antaño, la accidentada niña del arte oyó por primera vez de la boca de un galeno palabras dulces, las palabras más melodiosas que escucharía en su vida: estaba embarazada.

Las cosas no podían ir mejor: Frida rebosaba de dicha ante la posibilidad de ser madre. Lo vivía como una reivindicación según la cual, pese a enfermedades y accidentes, pese al amargo recuerdo de un pasado sórdido y cruento, sus funciones biológicas de mujer habían permanecido activas. La confirmación de que podía albergar vida significaba para ella un triunfo total sobre la muerte. Esto era para Kahlo mucho más importante que cualquier vivencia, experiencia u obra ligada al arte.

Pero tres meses más tarde, una malformación en la pelvis (producto, precisamente del accidente sufrido en su adolescencia) provocó la pérdida del embarazo y la extracción del feto.

Frida se derrumbó. Sentía que esa era la confirmación de una existencia maldita. El hecho, además, marcó la unión de ella y Diego con un tipo de luto definitivo. Así lo vivió Frida, que consideró trunco e incompleto ese nexo incapaz de generar un verdadero lazo vital.

Pero paradójicamente, en paralelo a la crisis conyugal la pareja se había consolidado como un tándem inseparable. Quienes formaban parte de su entorno aseguraban que la dupla era vulnerable, pero a la vez indestructible. Definitivamente, Frida y Diego, habían incorporado a la dinámica matrimonial hábitos perversos pero funcionales.

La novel artista ya sabía de las aventuras esporádicas de su marido, pero lo dejaba pasar por alto. Se decía a sí misma que como genio indiscutible y torrentoso, Diego necesitaba este tipo de vías de escape, naderías al fin y al cabo. Pero en lo profundo, había un desgaste y su integridad a veces quedaba seriamente dañada.

Hacia el otoño de 1930 le encargaron a Diego unos murales para el *San Francisco Stock Exchange Luncheon Club*, y la pareja se trasladó a los Estados Unidos. Uno de los sueños de Frida se había cumplido. Por fin: viajar.

Una vez que Rivera regresó a los altos del andamio, ella se dedicó a recorrer la ciudad. La ausencia de Diego era notoria y provocadora. Cuando no trabajaba desaparecía sin dejar rastro para irse con alguna de sus modelos. Frida no pensaba en ello. Se concentraba en ir descubriendo los rincones curiosos e insólitos de la gran urbe.

A la vez, su estela de colores y tintineos no dejaba indiferentes a los gringos, a quienes describía con grotesco humor como "gente muy aburrida con caras que parecen pasteles mal cocidos, sobre todo las viejas".

El imperio de los sentidos

Es allí, lejos de su tierra, donde Frida empieza a ganarse un reconocimiento propio. Conoce y traba amistad con los fotógrafos Imogen Cunningham, Ansel Adams y Edward Weston. También impresiona muy positivamente al mecenas Albert Bender, al escultor Ralph Stackpole y al pintor Arnold Blanch y su mujer Lucile.

Subrepticiamente, e incluso sin proponérselo, el pájaro comienza a cobrar algo parecido al vuelo propio, pese a la contundente figura de Diego, quien lejos de facilitarle el crecimiento social y profesional, se lo opacaba. Aunque este efecto fuese casi insondable y ninguno de los dos lo sospechara en un nivel consciente, lo cierto es que a Diego no le divertía demasiado que Frida fuese algo más que su satélite.

Sin embargo, la energía de la Kahlo encontraba caminos abiertos hasta en las direcciones menos esperadas. Así, por ejemplo, cultiva una amistad que técnicamente (y no con sentido metafórico) surge del dolor. Y llega el día en que Frida, para quien la salud era un valle de lágrimas y derrotas, por primera vez entabla un vínculo afectivo con un profesional de la medicina.

– *Voy a pedir cita con tu amigo, el doctor Leo Eloesser. Vuelve a dolerme mucho la pierna.*
– *Pero Fridita, es normal que te duela. Estás caminando mucho.*
– *No Diego, no es eso. Mira el pie. Está más atrofiado que nunca y además me duele mucho la espalda.*

El doctor Eloesser era un caballero bajo y poco atractivo, pero extremadamente sensible. En palabras de Frida:

"Le gustaban los cuellos de camisa almidonados y altos. Parecía un hombre joven que se hubiera vuelto viejo de repente, y tocaba la viola de un modo horrible".

Cuando él la vio en el *San Francisco General Hospital*, su diagnóstico fue contundente y estuvo apoyado en rigurosas pruebas: tenía una vértebra desplazada y una muy pronunciada escoliosis, por lo que le recomendaba estar inmóvil durante un tiempo. Fue ese el primer médico en el que ella confió de verdad y al que adoptaría como amigo y asesor personal durante el resto de su vida.

– *Quiero hacerle un retrato al doctor en agradecimiento por haberme ayudado. ¿Qué opinas, Gordo?*
– *Me parece bien, Fridita.*
– *Quiero pintarle con su barco, ese que saca a pasear de vez en cuando por la bahía. Pero nunca pinté uno antes...*

¿Cómo puedo pintar las velas?
– Píntalas como quieras.

Finalmente las pintó planas y con rebordes; unidas al mástil con grandes argollas, como si fueran cortinas. Frida llamó al barco *Los tres amigos*, refiriéndose por supuesto al Dr. Eloesser, a Diego y a ella misma.

La pintura volvió a ocupar el centro de la vida de Frida. De nuevo sin poder moverse, postrada en un sillón, comenzó una vez más a trabajar prolíficamente, desarrollando de a poco su estilo personal, exento de las influencias pictóricas de su marido.

En una de esas obras se representó a ella colgada del brazo de Diego, ambos de pie. En la tela, Frida parece una muñeca de grácil porte, ligera como una pluma, con diminutos pies que apenas rozan el suelo. Su cabeza se inclina hacia su esposo, en tierna idolatría. Diego, gigante, con una paleta de pintor que pendula en su mano izquierda, mira inexpresivo al frente, hacia un objetivo imaginario que le confiere a la imagen cierto tono fotográfico. Esta pintura, que se bautizaría *Frieda y Diego Rivera*, sería duramente criticada por algunos expertos norteamericanos.

En el mes de junio, la pareja debió regresar de nuevo a México. Lo llamaban a Diego para que terminara de pintar los frescos del Palacio Nacional. Volvieron a instalarse entonces en la Casa Azul, mientras las obras de un nuevo hogar en el barrio de San Ángel avanzaban.

Mexicanos en Nueva York

Frida, revitalizada por el aire mexicano y la cercanía de sus amigos, mejora su ánimo. A su galería de hombres bienamados se incorpora la figura del cineasta ruso Sergei Eisenstein, quien por entonces estaba en la ciudad rodando su película "¡Que viva México!". Definitivamente, Frida ya había conquistado una gravitación propia y comenzaba a disfrutar de ella con nuevas e interesantes amistades.

Pocos meses dura para Frida esta conquista de un espacio propio. Diego es invitado por el consejero artístico de los Rockefeller para hacer una exposición de su obra en el Museo de Arte Moderno de Nueva York, y le ruega que lo acompañe. Aunque paradójicamente, después la engañará en el mismo viaje, como siempre.

Diego y Nueva York estaban hechos el uno para el otro. Flashes, reportajes, actividad constante. La exposición del Museo resultó un éxito rotundo y algunos críticos locales ya lo calificaban como un artista genial.

Como político, como hombre social, aquellos tiempos probablemente hayan sido los mejores de su vida. Rivera participaba de fiestas interminables: champagne, tabaco y jazz lo habían conquistado rotundamente, como a un verdadero militante del capitalismo. Frida se ahogaba a veces en aquel ambiente frívolo y "diegocentrista". Añoraba sus tardes de sol en el patio de la Casa Azul y el sonido constante de su lengua materna. México. México. México.

En uno de esos cocktails, que había empezado a degradarse en borrachera generalizada, Diego abrazaba en un sofá a la escultora Lucienne Bloch, manoseándola como si fuera un adolescente sin casa propia, que intentaba satisfacerse en el rincón oscuro de la fiesta.

Frida los increpó a los gritos frente a todos. Ellos se soltaron y quedaron mirando al piso como dos escolares. No mucho tiempo después, sin embargo, Lucienne y Frida se hicieron grandes amigas.

A Frida no la sedujeron en absoluto los usos y mitos del *american way of life*. Consideraba interesante estar circunstancialmente inmensa en esa arrolladora ola de progreso e industrialización, pero como fenómeno histórico, para entender algo más de lo humano.

Como estilo de vida, "el mundo gringo" le parecía de mal gusto, egoísta. En una carta a su amigo Eloesser le escribiría:

"Viven haciendo *partys* mientras en el mundo se mueren de hambre miles y miles de gentes".

Nueva York, sin embargo, la fascinaba como ciudad: la seducían las avenidas populosas, el caudal humano en movimiento, todo aquello le transmitía una energía extraña.

Concebir y destruir

Cuando ya comenzaba a habituarse algo al nuevo hogar, de Detroit llegó un nuevo encargo para Diego. Frida se alegraría por su esposo y viajaría otra vez con él. Pero lo cierto es que pronto detestaría esa ciudad: destartalada, sucia, industrial, fea y de clima asfixiante. Sólo compensaría su estancia el hecho de conocer una radiante noticia. Había quedado embarazada por segunda vez. El destino le ofrecía revancha.

Para resguardarse de un fracaso similar al anterior, Frida recurrió al doctor Eloesser y se concentró especialmente en su salud. Pese a ello, pronto sufrió unas fuertes hemorragias. El descanso era vital para evitar complicaciones. Diego trabajaba más que nunca y una sombra de tristeza perseguía a Frida con insistencia, de modo que aprovechó la coyuntura para tomar posesión de su tiempo libre y concentrarse en pintar.

Trabajaba en motivos alegóricos a sus orígenes, su sentido de pertenencia a México, su herencia y su deuda para con la cultura precolombina. Proyectaba, por ejemplo, su figura rosa, sosteniendo una bandera mexicana a caballo entre dos mundos, el mexicano y el americano. Este nuevo autorretrato ponía de manifiesto lo que nunca querría adoptar del nuevo mundo y lo que nunca abandonaría del antiguo.

Llegó el calor del verano. Un aire seco entraba por la ventana del departamento de los Rivera-Kahlo. Era en vano aguardar la llegada de una tormenta tropical. Frida se llevó, nostálgica, la mano al vientre: "Mi Madre tierra, quizás debería estar allí para este hijo".

Pero aquel segundo intento, tampoco llegó a buen fin. El embarazo se perdió.

Frida sintió que la arrasaba un huracán. Que el dolor no tenía fin. Que dios, si existía, era un ser miserable. Advirtió que el único camino para vencer ese dolor era pintarlo. Ahondar y exorcizar con color ese horrible episodio sería su manera de evitar morir de tristeza.

Hizo muchos bocetos de su desgracia durante las dos semanas que estuvo internada bajo cuidados médicos (pues también su salud había corrido peligro con la pérdida del embarazo), pero aquellos borradores no la convencían en absoluto. Rompía la mayor parte de esos intentos, como si quisiera también abortarlos, pero subrayando su voluntad por sobre el implacable azar. Concebir y destruir adrede era su íntima protesta frente a la caprichosa e insondable voluntad del destino.

Nuevos dolores

Dos obras del período impresionan especialmente. Una de ellas, *Frida y la cesárea*, parece haber sido realizada antes del trágico aborto. Frida descansa desnuda sobre una cama. Su vientre deja entrever un feto cabeza abajo. A su lado, un niño yace tumbado en la misma pose que la madre. A su derecha, un sonriente Diego Rivera preside la cama como si fuera el retablo de una virgen protectora. A su izquierda, el cuerpo médico del Hospital Ford se inclina sobre una camilla de quirófano, donde probablemente estaba siendo intervenida. Tanto el Dr. Pratt como el Dr. Eloesser le habían dicho que una cesárea garantizaría el buen nacimiento del niño.

La otra pintura, *Henry Ford Hospital*, por medio de una serie de símbolos ya plenamente propios del universo surrealista, eleva la dimensión de la tragedia personal vivida por Frida. La artista se representa a sí misma, aún con el vientre hinchado, en una cama solitaria abandonada en medio de un paisaje desolado y en cuyo fondo se distingue la silueta de una ciudad industrial. Las sábanas de la cama están cubiertas de sangre. A la altura de su ombligo, salen seis filamentos de sangre que conectan con seis imágenes dispuestas en círculo y suspendidas en el aire: un caracol (que representa la lentitud del aborto); el feto de un niño perfectamente formado; un torso femenino traslúcido, que deja ver el interior de sus órganos; una máquina y una orquídea lánguida, regalo de Diego. De los ojos de Frida brota una gran lágrima.

Poco después, le llegó otro aviso de muerte, esta vez por telegrama. Su madre estaba enferma de cáncer y le quedaba muy poco tiempo de vida. Diego le pedirá a Lucienne Bloch que acompañe a su esposa de vuelta a México.

El 4 de septiembre ambas partieron hacia el sur. El viaje fue terrible. Frida sangraba sin parar. Temblaba. Cuatro días más tarde, después de que una india mirara en sus ojos con pavor y le entregara dos pequeños exvotos de hojalata, para que no se olvidara de cuidar su corazón y su pierna, Frida llegó a la Casa Azul. El 15 de septiembre moría su madre.

De regreso en Detroit, mientras Diego trabajaba con desenfreno, Frida pintó *Mi nacimiento*. Allí representa una escena típicamente "fridiana", donde una mujer acostada en sábanas blancas manchadas de sangre intenta dar a luz. Sobre la cabecera de la cama descansa el cuadro de una virgen que, doblemente apuñalada en el cuello, llora.

En marzo de 1933, los Rivera Kahlo vuelven a Nueva York, donde Diego comenzará un mural en el *Rockefeller Center*. Frida, restablecida, busca distracción en las calles de la Gran Urbe, lo cual no beneficia en absoluto su trabajo, pero su espíritu clama diversión después de los eventos trágicos del año anterior.

En una entrevista que la joven artista concede en su domicilio, parece poner de manifiesto que desea ser tomada como pintora independiente y no como mera discípula de Rivera. Por primera vez, después de darse cuenta de que debe sentirse comprometida con su obra y que debe hacerse respetar, consigue desmitificar su unión con Diego.

Mientras tanto, éste, visiblemente más delgado a causa de una estricta dieta prescrita por sus médicos, régimen que lo vuelve insoportablemente irascible, se enfrenta a críticas feroces. Su mural escenifica episodios y actividades comunistas.

Finalmente se le rescinde el encargo del *Rockefeller Center*, debido a que había incluido el retrato de Lenin en el mural. Y tras varios meses de tensiones y disputas, es despedido.

Contra los deseos de un furioso Rivera, el matrimonio acaba por regresar a México, previa escala en La Habana.

A los nueve meses de su ausencia en Nueva York, el mural fue despegado y arrojado a la basura. Cuatro días más tarde, la General Motors canceló un encargo que le había hecho para la Exposición Mundial de Chicago.

Capítulo V
Contrafuego

Otra vez en México, se abrió una nueva etapa en la vida de Frida y Diego, al instalarse ambos en la flamante casa de San Ángel, que habían encargado construir especialmente. La casa estaba dividida en dos áreas: una muy espaciosa de tonos ocre y rosa (de Diego) y otra más pequeña de color azul (de Frida). Ambas se comunicaban entre sí por intermedio de un puente.

Si se libraba una batalla conyugal, cada uno podía quedarse en su espacio individual prescindiendo de ver al otro. El puente era distancia y vínculo conciliatorio.

Los exteriores de la casa estaban decorados con la flora autóctona: bellos cactus de grandes proporciones daban sombra y aportaban alguna frescura. Por lo demás, una interesante fauna doméstica integrada por monos, loros, perros y gatos, la llenaba de vida y animación. Las puertas siempre estaban generosamente abiertas a todos los amigos y familiares de la pareja.

Pero ni el ambiente naturalista, ni la simpática estratagema del puente, ni la fecunda vida social aportaban demasiado a la concordia y la armonía que, al menos conscientemente, pretendía el matrimonio. La convivencia

Rivera-Kahlo se tornaba difícil a medida que pasaba el tiempo en la nueva casa.

1934 no fue un buen año para Frida. No pintó nada y sufrió un tercer aborto. Los médicos diagnosticaron una falencia cuya sola enunciación despertaba en ella evocaciones singulares: "infantilismo de ovarios". En la misma época le extirparon el apéndice y le hicieron la primera operación del pie derecho (amputación de cinco falanges), que le dejó una herida dolorosa y mal cicatrizada. Diego, que corría a cargo de todos los gastos médicos, se quejaba de que por su culpa acabaría en la bancarrota.

Partir y volver distinta

Lo que más debilitó emocionalmente a Frida, sin embargo, no fueron sus intervenciones quirúrgicas, sino la relación extramarital que su esposo decidió mantener con su adorada hermana Cristina, la menor. Algo en su interior se quebró. Cris, a quien ella bien podría haber considerado como su *alter ego*, la traicionaba de aquel modo sin reparar en el daño moral que eso le infligiría.

Ahí estaba ella postrada, con su pie vendado y su invalidez más extrema que nunca. ¿Cómo haría para evitar sentirse aplastada?

El alcohol, que siempre había sido para Frida un recurso atractivo, comienza en este período a cobrar relevancia como verdadero anestésico emocional. Bebe tequila, whisky, ron, lo que sea y encuentre a mano. Bebe socialmente y también en soledad, en su cama. Bebe desde la tarde y hasta bien avanzada la noche.

Hastiada de ver a su Diego deambulando a pocos metros e incapaz de perdonarle su traición, en 1935 Frida decide mudarse sola a un pequeño apartamento en el centro de la ciudad. Diego, que quiere reivindicarse del modo más noble, es decir, sin intentar retenerla físicamente pero apostando al amor y a la conciliación, la acompaña en todo cuanto puede. La asiste en la mudanza, la ayuda a decorar el pequeño ambiente, la visita con adornos y plantas. Pero ella sigue padeciendo una amargura profunda. Sufre la presencia de Diego como si éste estuviese en el aire mismo de la ciudad.

Al cabo de los meses, Frida advierte que, definitivamente, aquel distanciamiento tenue no es lo que necesita. Compra un billete y sin prolegómeno alguno se prepara para viajar a Nueva York en dos días. Le comenta el plan relámpago a sus amigas Anita Brenner y Mary Schapiro, que se entusiasman con acompañarla.

Una vez en la gran manzana, a miles de kilómetros de distancia y con el recuerdo de Diego resonando todavía en su cabeza, se convence de que nunca lo borrará completamente y que siempre, tarde o temprano, volverán a reencontrarse. Pero también descubre que, al hacer las paces con esta circunstancia y asumir ciertas reglas de juego que su voluntad no puede torcer, está libre para dedicarse a sí misma y retomar las riendas de su vida personal y artística.

Comprende que, hecho ese pacto íntimo e interior, también se libera de la sombra del gigante. Dicho de otro modo: al César lo que es del Cesar: el amor. A Dios lo que es de Dios: el arte.

Frida decide comunicarle el resultado de estas reflexiones a Diego por carta. De modo que le escribe unas líneas sumamente equilibradas que impresionan muy bien a Rivera.

La estancia en Estados Unidos resulta, así, una suerte de retiro espiritual, pero a la inversa. Frida no sólo pone las cosas en limpio sino que también se carga de la energía neoyorkina que siempre la había fascinado.

Al cabo de unos días, regresa a México con la maleta llena de ilusiones renovadas.

Aquella carta marcó un hito fundacional en la relación, pues a partir de esas líneas, Diego no sólo comprendió que Frida lo podía perdonar, sino que ella estaba, al mismo tiempo, estableciendo un nuevo marco de reciprocidad en lo relativo a las relaciones con terceros.

Dicho sin tapujos: implícitamente, si Diego aceptaba recibir el perdón de Frida, aceptaba también que ella podría llegar a mantener relaciones sexuales fuera del matrimonio, y que eso no podía considerarse una ruptura.

Así lo asumieron, pues, los dos. Y un nuevo capítulo se abrió en la historia de la pareja.

Los míos, los tuyos, los nuestros

Pese a las razonables expectativas que a Frida le habían dado la distancia y la reflexión, al llegar a tierra azteca las cosas se articularon de manera más compleja que lo supuesto.

En la casa se recuperaba el ritmo de las fiestas que los harían famosos como pareja inmersa en la vida social. La genialidad estaba en el aire. John Dos Passos, Lázaro Cárdenas, el matrimonio Wolfe... Las figuras de la cultura del mundo deambulaban por esos pasillos con regularidad. La casa de San Ángel gozaba de una reputación escandalosa, pero admirada por ciertos círculos. Como anfitriones liberales y desenfadados, Rivera y Kahlo empezaron a blanquear la flexibilidad conyugal que habían adoptado.

El alcohol, además, lubricaba todo tipo de confesiones que tendían a hacerse públicas en histriónicos discursos, pronunciados frecuentemente a la madrugada, ante grupos de invitados, sin importar el grado de confianza que tuvieran con los dueños de casa.

Rivera, para entonces, no sólo bromeaba sobre sus propios flirteos pasajeros, sino también (acaso con más frecuencia aún) sobre las eventuales aventuras de su mujer, aunque curiosamente sólo mencionaba las mantenidas con mujeres, las cuales veía con buenos ojos.

Para esta época, los roces lésbicos de Frida se habían convertido en un rumor constante, que incluso le conferían cierta jerarquía snob a su personaje. Lo cierto es que Diego se tomaba con sorna esta cuestión. No así, los casos en los que Frida se enredaba con varones.

Las experiencias heterosexuales de Frida eran duramente reprobadas por Rivera, quien además se ocupaba de ocultarlas a cualquier precio. Se diría que le importaba más la opinión pública sobre el tema que los episodios en sí mismos. Esto es comprensible si se tiene en cuenta que dado el machismo de la sociedad mexicana, la infidelidad de la mujer, resultaba en el imaginario colectivo mucho más dañina para la dignidad pública del hombre que el caso inverso.

Frida lo tenía en consideración, e intentaba no perjudicar a su marido en cuanto a la difusión de ciertos hechos. Sin embargo, no consiguió mantener en las sombras su romance con Isamu Noguchi (hijo del poeta Yone Noguchi), escultor nacido en Estados Unidos con quien había tenido un primer contacto en su viaje a Nueva York. Junto a él, ella se encontró repentinamente feliz, con su sensualidad recién estrenada, como esculpida y redondeada por Isamu. Se sintió con su feminidad a flor de piel, pese a todo el bisturí que la había atravesado hasta entonces. Pero Isamu, contrariado, se negaba a mantener la relación en la clandestinidad. El escultor desconocía la cólera del muralista.

Cuando meses más tarde le llegaron los rumores del amorío, Rivera fue por su revólver primero y por los pecadores después. Los encontró donde primero buscó: en su propia casa (del lado de Frida, pasando el puente, pero en el mismísimo solar Rivera-Kahlo) y en plena faena.

Ante semejante cuadro apuntó su arma contra el japonés. Con el dedo pulgar amartilló lentamente y con el índice gatilló dos veces. Estuvo a punto de volarle la cabeza al tenorio, pero los gritos desesperados de Frida le hicieron desviar el tiro justo por arriba de la cabeza de Isamu, que temblaba como una hoja.

En cualquier caso, Frida se quedó compuesta y sin amante, con un lazo en torno al cuello que en el fondo le gustaba conservar. Al fin y al cabo –intentaba convencerse– aquellas toscas maneras de su esposo no eran más que la prueba de que él también la amaba...

Cambio de hábitos

En aquellos agitados días del matrimonio público más liberal de México, los periódicos de la capital divulgaron la noticia de un terrible crimen doméstico. Un hombre, presa de un violento ataque de celos, había cosido a puñaladas a su mujer. Cuando delante del juez le interrogaron al respecto, él exclamó: "¡Pero si sólo fueron unos piquetitos!".

Frida se sirvió de esta macabra historia para ilustrar su propio dolor en la pintura *Unos cuantos piquetitos*. Sobre una cama yace destrozado el cuerpo de una mujer que vierte ríos de sangre por sus heridas abiertas, salpicando la escena y el mismo marco del lienzo. Su pie derecho conserva un zapato negro de tacón. Al lado, su verdugo contempla impasible y satisfecho su obra. Una de sus manos todavía sostiene el cuchillo que desgarrara a la víctima. La otra mano descansa en su bolsillo. La mujer apuñalada bien puede ser la propia Frida, que se siente asesinada por la vida o por Diego, clara evidencia de que aún no ha superado el engaño con su hermana Cristina. Dos palomas, una negra y una blanca, como los lados luminoso y oscuro del amor, sostienen la leyenda que da título al cuadro.

En aquel lienzo, Frida no siente reparo alguno en rociar todo el cuadro con la sangre de la mujer asesinada, como si se tratara de una cámara situada en un ángulo de la habitación que recogiera, además de la tremenda imagen, salpicaduras provenientes de los golpes de cuchillo. Además, al ensanchar la escena hasta el marco, sobrepasa un nuevo límite que, incluso aún en la pintura contemporánea, no suele ser derribado.

En 1936, en su intento por alejarse de Diego para tomar una amplia perspectiva de su vida en común, Frida abandona los característicos elementos de su atuendo que tanto enamoraban a su marido: pendientes, brazaletes, cintas y volantes mexicanos quedan atrás. También se recorta unos cuantos centímetros el negro cabello.

Un año después de los cuantos "piquetitos" pinta *Recuerdo*. Lo que allí se ve es a la propia Frida exhibiendo un enorme agujero en el pecho, a consecuencia de una barra de acero que la ha atravesado; en cada uno de los extremos hay un cupido en miniatura. El corazón extraído, roto, yace a sus pies; su enorme tamaño expresa la intensidad del dolor puesto en juego. Aquí ilustra su impotencia representándose manca. Está con el pelo corto y lleva ropa de estilo europeo, tal como ha adoptado últimamente. Un pie flota sobre el mar; lleva un aparato que parece un barco de vela, evocando su operación reciente.

A medida que pasa el tiempo, en lugar de naufragar en el resentimiento, Frida se dedica a cultivar un interés genuino por las causas sociales que, en vez de manifestarse en la pura política (como en el caso de Rivera) se materializa en hechos puntuales.

Así lo demuestra cuando a pesar de su frágil estado de salud, inicia una campaña de recolección de vestimenta y medicamentos para enviar a España, donde estallaba la cruenta Guerra Civil que se extendería hasta el '39. Con fines similares, la Kahlo organiza reuniones y escribe cartas, adhiriendo siempre al bien común, pero desde la causa antidictatorial y reivindicatoria de la República.

El huésped ilustre

Mientras tanto, en la soledad de su hogar, la Frida íntima parecía suplir la ausencia de hijos rodeándose con toda clase de muñecas y mascotas. Perros, gatos, loros y hasta una gacela le hacían compañía. En noviembre de aquel año llegó un telegrama de Moscú:

– *¿Qué dice, Gordo?*
– *Los Trotsky. Necesitan asilo político. El gobierno norteamericano pregunta si yo puedo conseguir el beneplácito del presidente Cárdenas.*
– *Pero si tengo bien entendido él está en la otra punta del país, ¿no?*
– *Sí, pero iré a visitarle igualmente. Esto es importante. Es una causa genuina del Partido Trotskista al que pertenezco hace más de un año. Iré en su ayuda aunque me muera en el camino.*

Diego, por su parte, también había empezado a tener dificultades serias de salud, problemas glandulares que se habían agravado. Pero tal y como lo había prometido, viajó lo necesario y consiguió la venia del presidente mexicano para acoger al matrimonio Trotsky en la Casa Azul, que además, en aquel momento, estaba oportunamente deshabitada.

Al muelle de Tampico fue a recibirles Frida. Diego estaba hospitalizado. Era el 9 de enero de 1937.

El día 11 los Trotsky estarían llegando a Coyoacán con medidas de seguridad extremas. Diego mandó tapiar las ventanas de la casa con ladrillos y para evitar posibles espionajes o atentados, compró el terreno de los vecinos, tras lo cual los expulsó sin miramientos.

Brazos maduros y alcohol

Mientras Diego seguía hospitalizado y a Natalia, la esposa de León Davídovich (nombre verdadero del líder ruso) guardaba reposo por una recaída de malaria, Trotsky y Kahlo estrecharon lazos. Las charlas entre ambos se extendían hasta la medianoche. A veces Frida se embriagaba y mientras lo escuchaba fascinada, apoyaba la cabeza en los hombros de ese varón tan diferente a Rivera.

El maduro León era más bien flaco, enjuto, seco, salvo por el frondoso bigote que lo caracterizaba. Ese gigante histórico, que ya por entonces era el mítico jefe revolucionario del ejército ruso, era además casi treinta años mayor que ella. En cualquier caso, el deseo se hizo presente. Y acaso el amor también.

Pero, cabe la pena subrayarlo, ellos no eran conscientes de lo que diría la historia sobre su inesperado encuentro. Eran apenas dos seres humanos, víctimas de la más antigua de las pasiones. Sus juegos a escondidas llenaban la casa de risas y estratagemas con matices infantiles: cartas ocultas, diálogos en inglés delante de Natalia, que aunque desconocía el idioma intuía ciertos signos

Diego, por su parte, no se enteraba. No podía o no quería saber. Permanecía ignorante a todo.

Los encuentros se multiplicaron, ya extramuros, y hasta en casa de Cristina, la hermana de Frida, con quien ésta se había reconciliado. Si bien Frida escondía la relación, con el paso de los días Trotsky advirtió que ese juego ponía en peligro no sólo su imagen sino incluso, su vida, condenado a muerte como estaba por Stalin y sus ortodoxos seguidores y fanáticos alrededor del mundo. Y decidió entonces desparecer por un tiempo yéndose solo al campo, sin dar datos de su paradero a nadie.

En ese tiempo, durante los primeros días de noviembre, Frida comprobó que la ausencia del patriarca no le producía ningún tipo de padecimiento. Por el contrario, se sentía más liviana y libre. Los calores iniciales ya se habían esfumado.

Semanas más tarde, cuando León volvió de la campiña excitado y ansioso como un adolescente, la Kahlo lo cortó en seco. Con cariño pero sin rodeos, le explicó que ella creía conveniente dar por finalizada la aventura.

En su diario personal, sin embargo, fue más dura y breve, cuando describió su ánimo en cuatro palabras: "Me cansé del viejo". Para dar un cierre formal a la relación, devolvió sus cartas al Comandante del ejército rojo y le regaló un autorretrato como prueba de su "amistad" y como obsequio por su cumpleaños número cincuenta y ocho.

Paralelamente a todos los hechos que hemos narrado, Frida seguía teniendo dos vicios: los escarceos sexuales con mujeres anónimas (empleadas de la casa, visitas eventuales, admiradoras) que quedaban sólo en eso, es decir, que nunca devenían en idilios contundentes, y el alcohol.

Con este último, la relación era fluctuante, pero se parecía mucho al vínculo que tenía con Diego. Para Kahlo, el beber equivalía a anestesiarse, a empaparse el cuerpo de un alivio acogedor. Cuando lo hacía, no sentía ninguna puntada en la pierna, ni el peso del futuro, ni recordaba los apremios del pasado. Cuando bebía era un cuerpo libre, más parecido a su espíritu.

Sin embargo, el alcohol también le traía grandes problemas. Se metía en líos de polleras que a veces derivaban en escándalos, atacaba a Diego implacablemente y despertaba su ira, destruía obras suyas que consideraba mediocres y, finalmente, si no se dormía para amanecer con todo olvidado, se sumía en grande depresiones acompañadas de insomnio.

Por eso, aunque amaba beber, a veces intentaba despegarse de la copa. Y lo lograba parcialmente. Hacia el mes de marzo, Frida escribía a su amiga Ella Wolfe:

"Ya me estoy portando bien, en el sentido de que ya no bebo tantas copiosas… lágrimas… de coñac, tequila, etcétera… Bebía porque quería ahogar mis penas, pero las malvadas aprendieron a nadar y ahora ¡me abruma la decencia y el buen comportamiento!".

¿Surrealismo o dolor?

Un mes más tarde, en abril de 1938, enviado por el Ministerio de Asuntos Exteriores de Francia, llegó a México André Bretón, el famoso autor del manifiesto surrealista de los años veinte, acompañado por su esposa Jacqueline. Las tardes de charla y debate entre los habitantes de la Casa Azul y la de San Ángel renovaron la convivencia. Frida participaba de buena gana, pese al rechazo que le provocaban las teorizaciones y los discursos extremadamente intelectuales.

– *Estoy maravillado con su pintura, Frida. Realmente muy impresionado.*
– *Gracias, André. Me halaga, usted.*
– *Realmente es así. La suya es una pintura puramente surrealista, trágica, radiante, malvada, femenina, llena de fuerza y significado; y de un automatismo psíquico de lo más puro.*
– *¿Automatismo? ¿Surrealista, dice usted? Mire, André, con todos mis respetos para los surrealistas, yo no soy como ellos, no me gusta ponerle etiquetas a mi pintura.*
– *Por supuesto, por supuesto. Entiendo que quiera usted reivindicar la autenticidad de su pincel, pero inevitablemente tengo que decirle que su obra tiene las típicas trazas*

de la corriente surrealista. Y es sorprendente porque usted reconoce no haber tenido contacto con sus representantes más paradigmáticos. Hacer lo que hace usted sin influencias externas es una clara prueba de su genialidad.
– Muchas gracias, André, pero le digo que yo no pinto sueños, pinto mi realidad.

André sonreía. Frida no. ¿Hasta qué punto quería ella que sus cuadros fueran interpretados? Toda su obra no era más que su propia biografía. ¿Lo sabría él? ¿Podría entenderlo?

– Y dígame, Frida. ¿No le gustaría exponer en París?
– Ya voy a exponer en otoño en la Julen Levy Gallera, de Nueva York.
– Bueno, pues vaya después a París. Estoy seguro de que cosechará grandes éxitos. Y si quiere además yo le puedo escribir un ensayo sobre la Galería Levy.

La cinta y la bomba

En octubre de 1938, Frida se embarca con destino Nueva York. La noche de la inauguración está radiante, seduce a los asistentes y cautiva a la prensa norteamericana. En particular a una muy joven periodista con la cual desaparece más de cuarenta minutos. Algunos dirán después que estaban encerradas en el baño de mujeres. Pero el episodio no pasa de lo anecdótico. Frida se da ese gusto como quien se toma una copa, rápidamente, cumpliendo con un antojo. Así está de alto su amor propio.

Dos maravillosas definiciones surgirían para presentarla oficialmente al mundo como artista. Una de ellas será la frase con que Bretón había definido a la artista: "Una cinta que envuelve una bomba", y que irá a ocupar el titular de la sección Arte del *Times*, mientras que el lema de la muestra había sido casi un cachetazo a Rivera: "Una pintora con derecho propio".

Los resultados en Nueva York fueron contundentes. Se vendieron doce de veinticinco piezas a excelentes precios, y recibió además algunos encargos. Diego halagaba la exposición de su esposa desde la distancia. Y con estridente generosidad definía la obra de Frida en un reportaje como:

"... ácida y tierna, dura como el acero y delicada y fina como las alas de la mariposa, adorable como una bella sonrisa y profunda y cruel como la amargura de la vida".

Por su parte, Frida se replanteaba la invitación de Bretón y a partir del éxito obtenido, se entusiasmaba con ella. Decidió entonces pasar el crudo invierno en Nueva York, antes de marcharse a exponer en Francia.

En ese lapso conoció al exitoso fotógrafo Nickolas Muray, del que se enamoró, pero esta vez cándidamente. No habría sexo entre ellos, aunque se paseaban extasiados por las calles de Manhattan, deteniéndose a tomar unos *bourbons*, abrazándose para darse calor mutuamente.

Quizás fue el propio pudor de Frida (que se sentía en franca decadencia) lo que impidió un contacto más íntimo. Lo cierto es que Nickolas la adoraba y la fotografió hasta el cansancio (las mejores fotos que hoy circulan de Frida son de él). No existía para Nickolas mujer más extraordinaria.

Por otro lado, Frida seguía teniendo en México a su Hombre con mayúscula. En sus cartas le escribía:

"Niño mío, son las seis de la mañana y los guajolotes cantan. Jamás, en toda la vida, olvidaré tu presencia. Me acogiste destrozada y me devolviste entera. Nombre de Diego: nombre de amor. No dejes que le dé sed al árbol que tanto te amó, que atesoró tu semilla, que cristalizó tu vida a las seis de la mañana".

Agridulce Francia

Por fin, Frida cruzó el océano rumbo a Europa. Pero París fue para la artista como sumergirse en un mar de hielo y desconsuelo. Esa lengua gutural, desconocida; lluvia y grises por doquier. Su arribo no pudo ser peor cuando se enteró de que Bretón no había cumplido con su promesa y tenía la exposición a medio preparar. Indignada, días después le escribió a su reciente amor, Nick Muray:

"Cuando llegué los cuadros estaban todavía en la aduana, porque ese malnacido de Bretón no se tomó la molestia de sacarlos. Por todo esto fui obligada a pasar días y días esperando como una idiota, hasta que conocí a Marcel Duchamp, pintor maravilloso y el único que tiene los pies en la tierra entre este montón de hijos de perra lunáticos y trastornados que son los surrealistas. De inmediato sacó mis cuadros y trató de encontrar una galería. Por fin una, llamada 'Pierre Colle', aceptó la maldita exposición. Ahora Bretón quiere exhibir, junto con mis cuadros, catorce retratos del siglo XIX (mexicanos), así como treinta y dos fotografías de Álvarez Bravo y muchos otros populares que compró en los mercados de México, pura basura, ¡es el colmo!".

En el mes de marzo ya estaba lista para afrontar la exposición "*Mexique*". Frida recibió elogiosas críticas de artistas consagrados como Picasso, que llegaría a decir de ella en una carta dirigida a Rivera: "Ni tú ni Derain ni yo, somos capaces de pintar una cara como las de Frida Kahlo".

Una de sus obras, *El marco*, conseguiría el privilegio de ser la primera realizada por un artista mexicano del siglo XX comprada por el Museo del Louvre. Pero su resonancia en la Ciudad de las Luces no terminaría allí.

Frida Kahlo, para el año 1939, sería portada de la revista *Vogue*. Vaya paradoja: la más brava e indomable artista que hubiese dado México, la furiosa rebelde, la que despreciaba y enfrentaba al sistema con su arte y con su inconducta, acompañaba una línea de alta costura destinada a mujeres de clase burguesa.

Capítulo VI
Frida se agiganta

A Frida no le alcanzaba con haber pintado *Las dos Fridas* para purgarse de Diego. Era su cuadrilátero más imponente en lo relativo a tamaño hasta ese momento (1.73 por lado), y con aquella obra había cambiado deliberadamente el formato tradicional de sus pinturas; su pincel, hasta entonces miniaturista y microscópico, enfrentaba ahora el reto de una superficie inmensa.

Y es que, en efecto, comenzaba a sentir que al maximizar el soporte, el espacio adoptaba la dimensión real de su dolor. Pero así como ampliaba el enfoque pictórico, sabía que debía dar otro paso "técnico" en la relación con Diego. El vínculo entre ambos podía tener muchos matices y modalidades, pero asignarle la categoría legal de "matrimonio" era, a esa altura de los acontecimientos, un disparate.

Así, al retornar a México Frida se mudó a la casa familiar de Coyoacán. Durante el verano, Frida y Diego se separaron y comenzaron los trámites correspondientes para el divorcio. En otoño, Frida sufrió una infección en una mano, la derecha, y fuertes dolores en su columna. El doctor Juan Farill le prescribió reposo en cama. Otra vez, el dolor, sumado a la postración la llevó a ingerir grandes cantidades de alcohol.

En relación a los tamaños y soportes elegidos, una paradoja llena de simbolismo empezaba a revelársele como un verdadero mensaje que iba más allá del arte. Sonreía cada vez que alguien le hacía notar la ironía de haber sido la esposa de un muralista y haber pintado ella cuadros tan pequeños. Temeroso, alguna vez alguien le había preguntado si era porque consideraba su obra menos importante que la de su ex marido. ¿Querría insinuar con esa pregunta un complejo de inferioridad?

Ella nunca había tenido dificultad en dejar brillar a su esposo. No competía con él. Tampoco trataba de tomarlo como modelo. Su pintura era distinta. Obedecía al instinto primigenio de presentar una realidad con todo su detalle, y eso no lo podía proporcionar una gran pincelada. Que la mano no delirase ni se dispersara. Que se concentrase, que ahondara en la verdad; esos eran sus mandatos en el lienzo. Los trazos debían ser firmes, precisos, puntuales… Y en efecto, eran pequeños. Hasta entonces, valiéndose de la miniatura conseguía reflejar la grandeza de su mundo interior.

El lienzo que se agigantaba en su proyección mental actuaba cual verdadera tentación de trascendencia, inevitablemente ligada a la ruptura de la relación matrimonial con Rivera, que como todo matrimonio (más allá de cuestiones materiales que aquí poco importaban) fundamentalmente era un símbolo. Pero… de qué si no de símbolos está hecha la vida, y cuánto más fuerte y poderoso ese simbolismo vital era en el caso de Frida Kahlo.

Más de lo mismo, no

Para seguir drenando paulatinamente aquel lastre que había implicado, en su última etapa, el nexo con Rivera, Frida nutre la continuidad simbólica con una obra poderosa en todo sentido, dicho sea de paso, el lienzo de mayores dimensiones hasta entonces y el mayor en toda su carrera. Se trata de *La mesa herida*, cuyas medias son 1.20 x 2.45.

Cual parodia de *La última cena*, allí vemos a Frida/Cristo sentada en el centro de la mesa, rodeada por un ecléctico grupo: los dos hijos de Cristina, un enorme Judas con aspecto de muñeco, un esqueleto, una escultura precolombina y una de sus tantas mascotas: el venado. El Judas, a la derecha de Frida, de gigantes brazos y vestido con un peto azul, parece representar a Diego. Sus manos se apoyan sobre la mesa, como lo hiciera el bíblico traidor.

Frida trabajó incansablemente en aquel cuadro a fin de tenerlo listo para la inauguración, el 17 de enero de 1940, de la Exhibición Internacional del Surrealismo en la Galería de Arte Mexicano de Inés de Amor, en la Ciudad de México. Allí habría de exponerlo junto con *Las Dos Fridas*. Y causaría sensación.

El día de la apertura, la sala rebosaba de mujeres (admiradoras casi devotas de Frida, o acaso del personaje que ella había creado), personalidades importantes, críticos de arte y periodistas.

Frida descansaba en un sillón, alejada de aquel tumulto. Observaba radiante lo que había provocado. Estaba algo mareada, pues había bebido mucho antes de la fiesta. Con las mejillas encendidas de rojo y sus ojos chispeantes, atraía hacia ella las miradas:

– *¡Frida! Sus dos cuadros llenan la sala con una luminosidad sorprendente. ¿Se da cuenta de que ha eclipsado a sus exhibidores? Nada menos que a Duchamp, Max Ernst, Kandinsky, Magritte, Miró, Picasso. Ha eclipsado a su propio esposo… Es usted sorprendente. No nos tenía acostumbrados a este tamaño de lienzos. ¿A qué se debe el cambio?*

– *Muy sencillo. Sabía que Diego expondría cuadros pequeños. Y recuerde usted que el señor Rivera ya no es mi marido.*

– *Claro, discúlpeme. Quisiera agregarle que teniendo reunidas en un mismo espacio tantas obras surrealistas, se podría decir que el surrealismo se ha sobrevivido a sí mismo, que ya no sorprende a nadie. Es como si se hubiera puesto de moda. En mi opinión, lo único que está aquí realmente vivo es el carácter y la personalidad de los artistas cuya obra no se ha gestado completamente bajo las consignas surrealistas. Yo la considero a usted entre esas personalidades.*

– *Gracias, Sr. Gaya, es usted muy amable.*

– *Llámeme Ramón, por favor.*

Frida iba desconectándose inconscientemente del murmullo y de los comentarios de su inteligente contertulio, para desviar la mirada hacia el extremo opuesto de la sala, donde Rivera se pavoneaba frente a sus mujeres y aguijoneaba con sarcasmos a los periodistas.

Un poco decepcionada de comprobar que pese a todo, algunas escenas se repetirían aburridamente frente a sus ojos, optó por marcharse.

Eternamente Diego

Mas al llegar a la Casa Azul, encendió las luces de su habitación y contempló su dormitorio- estudio. Tantos objetos. Tantos recuerdos. Tantos cuadros. Quitándose los anillos se contempló la mano derecha. La infección sufrida le había producido llagas muy abiertas. Le dolían. No podía creer que su mano corriera la misma suerte que su pie. Si se descompusiera, no podría volver a pintar. Tenía ganas de escribirle a Diego, contarle que tenía mucho miedo y muchas dudas. Pero se encontró haciendo bollos de papel con cada ensayo de esquela. Nada de lo que intentaba decir en esas líneas le parecía sincero. El sueño la venció y se quedó dormida con un vaso de tequila en la mano dañada.

Aquella noche soñó mucho. Evocó gran cantidad de episodios, tantos que sería imposible incluir en un solo volumen. Y su memoria voló por encima de Frida, recordando un mundo de cosas.

Durante los meses posteriores a la primera separación importante entre Kahlo y Rivera, aquella particular manera de relacionarse que tenía la pareja emergió como un iceberg al cual le secaron su océano. Ninguno de los dos tuvo una relación digna de ser mencionada. Diego se entregó a "ejercer el éxito" con inusual desgano. Y Frida, para variar, a ejercer su dolor. Nunca, sin embargo, dejaron de escribirse cartas.

A la vez, el abandono los tomó por sorpresa con dificultades económicas, a cada cual por separado. Recibieron préstamos de algunos amigos. Kahlo siguió pintando. Produjo el *Autorretrato con pelo corto*: el primero de Frida tras el divorcio, que ya había quedado formalizado legalmente. Allí, aparece vestida con un traje de hombre, de colores oscuros, que supera su talle. Un antiguo traje del propio Rivera, que ella había hallado revisando los armarios de la Casa Azul.

Para entonces, además, se había cortado el largo cabello que Diego admiraba tanto. En la mano izquierda sostiene un mechón de ese pelo cual emblema de su sacrificio; en la derecha, las tijeras. Se diría que tras tanto andar, Frida se ha convertido en su propio hombre. Pero es apenas un intento. Incluso en esta imagen, ella está sentada en medio de un amplio y profundo espacio. No soporta la ausencia de sí misma, que ha sobrevenido cuando intentó autoabastecerse emocionalmente. Como nítido correlato de su vivencia, la estrofa de una canción pintada a lo largo del retrato, en la parte superior, dice –valga la inversión– más que mil imágenes:

"Mira que si te quise, fue por el pelo, Ahora que estás pelona, ya no te quiero"

Pese a todo el malestar, esta época de Kahlo se inscribe en uno de sus períodos más productivos. Es cuando avanza con varios autorretratos al óleo: *Con mono* que había comenzado en 1938 y dejado incompleto, y *Con un collar de espinas y colibrí*, entre otros.

Frida decía que se pintaba tanto a sí misma porque estaba sola. En toda esta serie sus ojos, más fríos que nunca, se pierden en el vacío. Los elementos con los que aparece denotan pesadez, una carga, un sufrimiento añadido. Sobrevuela en su rostro retratado un gesto rígido y artificial.

En mayo de 1940 se produce el famoso atentado fallido de Siqueiros contra León Trotsky. La policía, conociendo los arranques de Diego y habiéndose divulgado tardíamente el romance del ruso con la Kahlo, sospechaba de Rivera, quien decidió acordonar su casa.

El Gordo huyó luego auxiliado por Irene Bohus (una joven pintora húngara, fugaz visita en la cama de Diego), quien consiguió sacar al pintor en su auto, oculto bajo una gran pila de lienzos enrollados. Dos figuras influyentes de la política local, les proporcionaron pasaportes y la niña y el maestro consiguieron huir a San Francisco.

Del crimen al regreso

Tres meses más tarde, el 21 de agosto, se produjo otro atentado contra el líder revolucionario. Y esa vez sí acababan con su vida. La prensa anunciaría el crimen con grandes titulares. El revolucionario había muerto en su casa, sorprendido a manos de un supuesto seguidor, un agente soviético que luego resultaría llamarse Ramón Mercader, pero que hasta entonces había falseado su nombre, identidad y verdaderas intenciones. El asesino, había obtenido la relativa confianza como para acercarse a Trotsky. Frida, hundida de dolor y sorpresa ante la noticia, llamó de inmediato a Diego:

– *¡Estúpido! Lo mataron por tu culpa. ¿Para qué lo tra-jiste? ¿Para qué diablos lo trajiste a México?*
– *¡Cálmate, Frida!*
– *¿Por qué nadie pudo prever este desastre? ¿Por qué nadie lo evitó?*
– *Frida, deja de llorar, por favor ¡Tranquilízate!*
– *¿Qué me tranquilice? ¡Me siento culpable! ¡Me siento muy culpable y tú también deberías sentirte así! El Viejo ha muerto por culpa de todos nosotros, ¿me oyes?*

Sumida en un estado de nervios absoluto, Frida y su hermana Cristina debieron soportar un interrogatorio policial de doce horas, para descartar su implicación en el homicidio. Diego, mientras tanto, intentaba continuar con sus murales bajo estricta custodia de un guardaespaldas, temiendo en todo momento por su vida.

Tiempo después, el deterioro físico de la todavía joven Kahlo se había vuelto preocupante. Los médicos recomendaban una operación de espalda. Eloesser, sin embargo, disentía totalmente con sus colegas. En su opinión, la paciente estaba somatizando: su deterioro era fruto de una crisis emocional y la cirugía era innecesaria, además de peligrosa. Lo que ella realmente necesitaba, según sostenía Eloesser, era estar cerca de Diego. Y así se lo aconsejó, aunque haciendo una salvedad:

"Pero recuerda Frida que Diego tiene dos grandes amores aparte de ti: la pintura y las mujeres en general. No esperes de él una total protección, aprende a conservar tu libertad".

Siguiendo las recomendaciones de su médico, y aún con dudas, en septiembre de ese mismo año, Frida emprendería el largo viaje de regreso a Diego. En el aeropuerto de San Francisco, Rivera la esperaba:

Gabriel Sánchez Sorondo

– *Tienes mal aspecto, Fridita. Has adelgazado.*
– *He pasado casi tres meses en cama de nuevo. Estoy harta. Harta de llevar esos corsés inmundos que no me dejan respirar. Ni aunque los pinte y los decore puedo hacerme amiga de ellos. Estoy en manos de una jauría de lobos; fíjate si no en esos mentecatos de los médicos que todavía me querían abrir la espalda. De no ser por Eloesser...*
– *Ya pasó, Friduchita. Yo te cuidaré. Esta separación no ha sido una buena idea para ninguno de los dos. Venga, vamos a celebrarlo.*

¿El temblor o el amor?

Frida volvió a ser internada. Había que enderezar de nuevo su columna. El tratamiento consistía en colgarla de unos anillos de acero y ponerle costales de arena para lograr el estiramiento de sus vértebras. Las visitas que circulaban por el hospital no daban crédito a lo que veían. Aún en esa postura ¡Frida seguía pintando! Mientras tanto, la salud de Diego también se deterioraba. Tenía una grave afección bacteriana en los ojos, que estaba siendo tratada con sulfanilamida. Su ex esposa estaba más preocupada por él que por ella misma.

En una de sus tardes de hospital, Rivera llevó consigo a un amigo para que conociera a Frida: Heinz Berggruen, un refugiado de la Alemania nazi que con tan sólo veinticinco años de edad, ayudaba al pintor a preparar la exposición de su obra en el Museo de San Francisco. Diego habló unas palabras con su ex mujer. Heinz permanecía absorto en la belleza de Frida. No entendía el español, pero comprendía que las cosas entre ellos no andaban del todo bien.

A ella le conmovió la dulzura del joven, su dejo infantil a la que vez que apasionado. Durante semanas vivieron

112

un intenso romance; inicialmente platónico durante las visitas continuas del joven al hospital. Luego, físico. Una vez trasladados a Nueva York, los fugaces amantes encontraron refugio para dar rienda suelta a su deseo en una habitación del Hotel Barbizon-Plaza, donde pasaban largas horas, aislados del mundo.

Pero una idea reciente seguía madurando en Frida. Había comprobado que no soportaba estar lejos de Diego durante períodos prolongados. Y pensaba continuamente en él.

¿Casarse de nuevo? Ella anhelaba su compañía, sí. Pero también le temía como quien teme a un carcelero. Un carcelero involuntario, desde luego. Un carcelero que en realidad era lo que proyectaba ella misma en esa relación. Aquel juego complicado, doloroso, inevitable parecía un laberinto sin salida.

Finalmente, el primero en conocer la drástica decisión de Frida fue su amante. Otra vez, la presencia de un tercero, como emisario del destino revelado. Ella le comunicó su decisión a Heinz, que rompió a llorar como un niño. Frida lo consoló y poco después estaba enviando un telegrama:

"Diego querido, llegaré a San Francisco en el mes de noviembre. Stop. Quiero volver a casarme contigo".

Hasta que la muerte los separe

El 8 de diciembre de 1940, el día del quincuagésimo cuarto cumpleaños de Diego Rivera, Frida y su ex marido se casaron en el City Hall de San Francisco. Y lo hicieron en la intimidad. Había varias condiciones impuestas por Frida para esta segunda boda: a partir de entonces ella pagaría la mitad de los gastos de la casa y no mantendrían relaciones sexuales entre ellos.

La pareja volvió a México y se instaló a vivir en la Casa Azul de Coyoacán. Diego se reservó la casa de San Ángel como lugar de estudio y de encuentro para sus amantes. Frida retornó a sus queridos quehaceres domésticos: decoraba con flores frescas los espacios que compartían. Cocinaba y servía la mesa compartida con "su Gordo" y todo parecía una disparatada tragicomedia en la cual, sin embargo, ambos sentían haber encontrado un equilibrio ancestral; aquel que sin saberlo, les estaba reservado como remanso de dos agitados y originales espíritus sin paz en el mundo de las convenciones.

En una carta al Dr. Eloesser, Frida le confiesa:

"El *recasamiento* funciona bien. Poca cantidad de pleitos, mayor entendimiento mutuo, y de mi parte menos investigaciones de tipo molón, respecto de las otras damas que de repente ocupan un lugar preponderante en su corazón. Así es que tú podrás comprender que por fin ya supe que la vida es así y lo demás es pan pintado (nada más que una ilusión). Si me sintiera yo mejor de salud, se podría decir que estoy feliz, pero eso de sentirme tan fregada desde la cabeza hasta las patas trastorna el cerebro y me hace pasar ratos amargos".

Cuando ya estaba asumiendo cierto equilibrio, Frida sufre un nuevo abatimiento. Su padre Guillermo fallece. El espíritu de perseverancia y continuidad, personificado en la figura paterna, se le escapaba, como si se lo hubiesen arrebatado. Aquel vacío paralizaría de tal modo a Frida que tendría que aguardar varios años (unos diez) para poder hacerle un retrato. Fue quizás uno de los pocos episodios vitales, que junto con su accidente, la obligaron a reservarse un período de luto real antes de pasar a expresarlo en su pintura.

Los hijos inesperados

En 1942 la pareja entró en un aparente rellano de paz. Diego Rivera hizo construir en las cercanías de Coyoacán una pirámide mexicana diseñada por él mismo que, pretendiendo ser un rancho en el cual ellos pudieran cultivar sus propios alimentos, se convertiría posteriormente en una especie de mausoleo donde albergar sus ídolos.

Este conjunto sería considerado en 1964 como una de las mejores y mayores colecciones privadas de arte precolombino.

La iniciativa de Rivera da buena cuenta del sentimiento arraigado de la pareja Rivera-Kahlo a su cultura mexicana. No sólo reverenciaron a su país como lugar de pertenencia, de residencia, de compromiso vital y ámbito de su pintura, sino también como expresión del amor por la naturaleza y los animales, dos contenidos básicos en la obra de ella.

Frida participó con su *Autorretrato con trenza* en la Exposición "Retratos del siglo XX", y fue tenida en cuenta como miembro fundadora del Seminario de Cultura Mexicana.

Ese mismo año se inauguró en México una academia de lo más particular: la Escuela de Pintura y Escultura de la SEP, más conocida como "La Esmeralda" (así se llamaba la calle donde estaba ubicada). Allí las técnicas de pedagogía aplicadas eran de carácter popular y liberal.

Al poco tiempo de su inauguración, Diego y Frida pasaron a formar parte del claustro de profesores. Las enseñanzas que los estudiantes recibieron de la mano de estos dos genios revolucionarios cristalizaron en una filosofía única de vida aplicable a la obra artística.

Deconstruyeron las teorías clásicas y anarquizaron los métodos de aprendizaje y las disciplinas técnicas en favor del pensamiento y la reflexión creativas por parte del individuo/artista. Frida fue quien más ahondó en esta dirección. Sus alumnos no parecían recibir de ella clases propiamente dichas. La organización del aula omitía todo criterio piramidal; ella, más como pintora que como maestra, se posicionaba a la altura de sus estudiantes.

Quienes cursaban aprendían de ella a confiar en sí mismos, a desarrollar el arte desde sus propias perspectivas, a dejarse seducir por la realidad, a amar los tesoros de su país y plasmar su herencia cultural y personal en sus obras. Una vez completado este ciclo, entonces sí eran instados a concentrarse en los aspectos técnicos de su vocación.

Debido a su perjudicada salud, Frida pronto hubo de renunciar a dar las clases en la escuela y tuvo que trasladar "su taller" a la Casa Azul de Coyoacán. No todos los estudiantes pudieron permitírselo, pero los que perseveraron y siguieron hasta el final sus enseñanzas, pasaron a ser apodados con el nombre de "Los Fridos".

Frida los esperaba con inmensa ansiedad y alegría. Preparaba para ellos platos ricos y bebidas refrescantes; abría las puertas de cada rincón de la casa. Pintaban, por sugerencia de ella todo aquello que les sedujera, y luego ella les asesoraba para, de acuerdo a la personalidad de cada uno, indagar más en su potencial.

Al cabo de los años, Frida había formado a "unos discípulos que en la actualidad figuran como los elementos más notables de la generación de artistas mexicanos", tal como expresó Diego Rivera en su momento.

Los Fridos realizaron su primer mural en la pulquería La Rosita, a pocos pasos de la Casa Azul. Gracias a esta iniciativa popular, se rescató la costumbre de decorar los espacios de reunión característicos del pueblo mexicano. Ellos fueron insignia de otros grupos de pintores que con posterioridad, reproducirían esta actividad en los lavaderos municipales.

El día de la inauguración de los murales de la pulquería La Rosita se celebró una gran fiesta con petardos, confeti, música, mariachis... Hasta Frida bailó con desenfreno junto a sus muchachos. La hasta entonces eterna discípula, se había emancipado formando una verdadera comunidad de arte. Estaba teniendo entonces, todos los hijos que había perdido, y aun más.

Capítulo VII
Premoniciones

En 1944, los dolores físicos de Frida se agudizaban como nunca antes. Se le practicaron punciones en la médula espinal y se le prescribió el uso de un corsé de acero para mantenerle la columna recta. El corsé era tan pesado que le ocasionaba aún más dolor. Perdía fuerza, perdía peso, lo que implicaba tener que someterse a períodos de sobrealimentación y transfusiones de sangre. Sin embargo ella seguía cantando y mostrándose dichosa frente al público. Pero a solas, se ahogaba en tequila, su proverbial analgésico.

Lo que más la erosionaba, sin embargo, no era el dolor, sino la degradación progresiva de su cuerpo. Para complementar sus cuadros, la pintora decidió verter parte del contenido de su esfera íntima más torturada en un grueso cuaderno de tapas rojas, que más tarde vendría a llamarse con bastante inexactitud "diario".

Sin hacer caso de las horas, de los días o de los aconteceres cotidianos, Frida reflexionaba en él, lo empleaba como herramienta secreta de comunicación con su "yo profundo" y con Diego; intercalaba las palabras de una caligrafía inconstante con imágenes o dibujos de chocante simbología y colores llamativos; recordaba, filosofaba a veces con incoherencia o simplemente con automatismo, resolviendo los enigmas de su inconsciente; expresaba libre de inhibiciones todo su sentir; se derramaba entera en esas páginas de caos aparente y desconcertante desorden cronológico.

El dolor animal

Frida reservó para sí los llantos y para la vida la risa. Lo certifican estas palabras encontradas en esas páginas:

"Nada vale más que la risa. Es fuerza reír, y abandonarse, ser ligero. La tragedia es lo más ridículo que tiene 'el hombre', pero estoy segura de que los animales, aunque 'sufren', no exhiben su 'pena' en 'teatros' abiertos, ni cerrados (los 'hogares'). Y su dolor es más cierto que cualquier imagen que pueda cada hombre 'representar' como dolorosa".

La presencia de la muerte en las pinturas de Kahlo se acentúa en estos años y lo registra en muchos de los fragmentos textuales de su diario. Ya en 1943 había pintado *Pensando en la muerte* donde una calavera con tibias cruzadas, encerradas en un círculo sobre su frente, simboliza la omnipresencia de la muerte. El detallado fondo de ramas de espino, eco derivado de la mitología prehispánica, apunta al renacimiento que sigue a la muerte: presenta y entiende el deceso a la manera de las antiguas tradiciones mexicanas, como un sendero de transición de una vida a otra.

Quizás la obra que cierra este período, antes de la degeneración completa, es *La columna rota*. Este autorretrato ofrece un drástico contraste respecto de los anteriores. En él aparece sola, sin la habitual compañía de sus mascotas (monos, gatos, pericos...). El fondo que enmarca su figura es completamente yermo, la tierra está agrietada y el cielo es tormentoso. Las correas de acero del corsé que rodea su cuerpo parecen ser lo único que mantiene su complexión de una pieza. Una quebrada de sangre le atraviesa el torso dejando visible una pilastra jónica, rota en varias partes, que representa su columna vertebral dañada. Esta dramática abertura hace juego con las fisuras del seco paisaje. El martirio se completa con una lluvia de clavos adosados a su cara. El clavo más largo de la composición agujerea su corazón para aludir al daño más terrible. En la primera versión de este cuadro, Frida se pintó completamente desnuda, pero más tarde decidió que el desnudo integral distraía del eje y "se vistió"

El comienzo de su diario personal coincide con un período intimista, donde Frida pulsa su voz interior familiarizada con la cárcel del cuerpo en decadencia y entregada a cruzar el umbral de la muerte en cualquier momento.

Vestida en sus cuadros, pero desnuda en "su cuaderno", a diferencia de aquellos autorretratos minuciosos, al escribir traza manchas, bosquejos discontinuos, sinrazones. Se diría que aunque conserve una natural sintaxis prácticamente mecanizada por sus muchos años de relación con la literatura, esencialmente es abstracta en la narración. Esto llama la atención si consideramos el contraste con lo figurativo, de a ratos infantil y caricaturesco, pero figurativo al fin, de su pincel.

En el mismo sentido, acompaña esos textos caprichosos volcados en el cuaderno, con garabatos de igual tenor; irreverentes a la forma y al significante clásico. Todo lo cual permite un acercamiento distinto, acaso más brutal, a su fuero interno, sin mediaciones.

Tan sólo uno de estos libres garabatos, dibujado en agosto de 1947, se constituyó como un ensayo pictórico para una de sus obras posteriores, que entre otras particularidades llama la atención por la extensión de su título. Se trata de *Autorretrato en la Frontera entre el abrazo de amor del Universo, la Tierra (México), Yo, Diego y el señor Xolotl*. El óleo en cuestión, del año 1949, es revelador de la leyenda de unión con su esposo Diego y perfecta síntesis simbólica de lo que éste llego a representar para ella en su vida: un amor indestructible, de trascendencia mítica, anciana como la noche de los tiempos, kármica.

Pero también, al mostrarnos la imagen a un Diego pequeño, acunado en los brazos de Frida, nos hace pensar hasta qué punto ella, renunciando a él como amante y abrazándolo incondicionalmente como "amado", no lo ha convertido en el hijo que faltó, que falta, que (Frida bien lo sabe) faltará por siempre.

Esta obra, que se nutre de elementos pertenecientes a la antigua mitología azteca, representa un juego articulado de macrocosmos. En el centro, como una madonna, Frida tehuana sostiene en sus brazos a su esposo/niño Diego. La figura de conjunto simboliza el ciclo de la vida de doble naturaleza sexual: la mujer alimenta y genera vida; el hombre, con el tercer ojo sobre la frente, es la sabiduría.

Simbiosis y reciprocidad parecen ser la llave para comprender el relato visual. La artista, a su vez, yace en el regazo de la Madre Tierra azteca, Cituacoatl, hecha de barro y piedra, y de cuyo quebrado seno mana una gota de leche. Los tres son envueltos en el abrazo de la Madre Universal, flanqueada por el sol (hombre, muerte) y la luna (mujer, sensualidad), el ying y el yang aztecas que dividen verticalmente la composición. En el plano inferior, acurrucado en uno de sus enormes brazos, se encuentra el perro Itzcuintli, el señor Xolotl, mascota de Frida y ser canino que en la mitología mexicana protege la entrada del Reino de los Muertos.

Definitivamente, Frida estaba alcanzando, en su estilo tan directo, la cumbre conceptual. Lo suyo, lejos de "sugerir", dice. "Dice a los gritos" (según se jactaba Dalí de su propia producción). Pero sus gritos ya no son de auxilio, como en la primera época. Frida ha pasado la rompiente. Ya no reclama, no lamenta, no busca impresionar a su esposo ni a sus padres ni tan siquiera a sí misma. Sencillamente emite sus imágenes; canta una canción lobuna, sentada en un abismo, sin importarle demasiado lo que aúlla, ni quien ande por ahí. Canta porque quiere, porque necesita. Pero ya no espera nada.

Esa es la Frida artista. En cambio, la Frida humana, carnal, la de este mundo, tiene deudas pendientes con su libertad. El dibujo que aparece en el diario como preludio de *Autorretrato en la Frontera...* evoca también pasajes escritos en su cuaderno que demuestran el grado de entrega y adhesión a su esposo, agudizado en los últimos años. Probablemente a causa de una avanzada degeneración física que la posiciona en un lugar no sólo de extrema dependencia emocional sino de exagerados momentos de introspección. Un tipo de entrega que casi omite lo sensual para alcanzar lo maternal, lo fraternal.

Diego ha pasado a encarnar, para ella, el Amor Universal.

Del universo Kahlo a la constelación Rivera

En su diario, Frida es casi religiosa respecto de su sol:

"Nadie sabrá jamás cómo amo a Diego. No quiero que nada lo hiera, que lo moleste y le quite la energía que él necesita para vivir. Vivir como a él se le dé la gana. Pintar, ver, amar, comer, dormir, sentirse solo, sentirse acompañado, pero nunca quisiera que estuviera triste. Si yo tuviera salud quisiera dársela toda; si yo tuviera juventud toda la podría tomar. No soy solamente su madre, soy el embrión, el germen, la primera célula que en potencia lo engendró. Soy él desde las más primitivas y las más antiguas células, que con el 'tiempo' se volvieron el sentido. Afortunadamente, las palabras se fueron haciendo. ¿Quién les dio la 'verdad' absoluta? Nada hay absoluto. Todo se cambia, todo se mueve, todo evoluciona, todo vuela y va".

La mayoría de los "mensajes en una botella" que va lanzando en su diario resuenan con tonalidad de obsesión. Muchos, incluso, tienen un timbre kármico, místico; fluyen cual oración o plegaria que parece acrecentarse en la misma proporción en que aumenta su malestar y dolor físico.

Para ilustrar lo anterior bien cabe recurrir al que quizás resultara el pasaje más divulgado de su diario, allí donde Frida reza:

"Diego principio/ Diego constructor/ Diego mi niño/ Diego mi novio/ Diego pintor/ Diego mi amante/ Diego 'mi esposo'/ Diego mi amigo/ Diego mi madre/ Diego mi padre/ Diego mi hijo/ Diego = yo / Diego Universo/ Diversidad en la unidad".

Y sin embargo, como avergonzada de una devoción no necesariamente mutua, líneas más adelante Frida se pregunta:

"¿Por qué le llamo mi Diego? Nunca fue ni será mío. Es de él mismo".

La idea consciente o inconsciente que tiene Frida de ella y de Diego como un todo indivisible, fluctúa dependiendo de sus dolores, pero promedia un franco ascenso hacia el delirio místico. Como expresión pictórica de esa obsesión, pinta *Diego y yo*, compuesto como regalo a su marido por su quincuagésimo octavo cumpleaños. Con un rostro dividido en dos mitades perfectamente complementadas, donde la izquierda pertenece a Diego y la derecha a Frida, la pareja es presentada en una sola persona, un ser de identidad doble y fusionada. E iluminándolos, arriba, el sol y la luna.

Cortes y prótesis

En 1945 le fabricaron por primera vez a Frida un zapato ortopédico con suela para su pie derecho, y al mismo tiempo, el doctor Zambrón le prescribió el uso de otro corsé de yeso. Pero tanto le apretaba el dispositivo que hubieron de quitárselo porque le resultaba insoportable.

Volvieron el dolor y la falta de apetito; Frida adelgazó casi diez kilos ante lo cual el doctor Eloesser le prescribió reposo y una dieta para hacerla engordar.

Frida mostró su repulsión a esos métodos de vida asistida y forzada en *Sin esperanza*, donde aparece yaciendo en una cama sobre la cual hay una estructura de madera que en vez de sostener lienzos, muestra un embudo sobrecargado de alimentos proteicos y pesados como carnes, pescados y hasta una calavera. ¿Es vida o muerte lo que la hacen tragar?

Concretamente, ella cree ser rellenada por cadáveres. Sus brazos, atrapados bajo las mantas denotan el quiebre de la autonomía fridesca, tan preciada por ella. Dice entonces en su diario:

"Yo no quisiera abrigar/ Ni la menor esperanza / Todo se mueve al compás/ de lo que encierra la panza".

En la parte trasera del cuadro, inscribiría estas dos últimas líneas.

Un año más tarde, los médicos aseguraban que es imprescindible operarla de la columna vertebral. Esta vez ella aceptó, pese a que su amigo el Dr. Eloesser insistía en oponerse a ese tipo de intervenciones. Las biógrafas Linde Salber y Hayden Herrera, abordan esta cuestión sugiriendo un interés inconsciente en Frida por estar enferma, como si la necesaria postración quirúrgica fuera a sus ojos una garantía para mantener a Diego siempre a su lado; un derecho adquirido de disponer de su compañía.

El propio Eloesser afirmaría que la disposición de Frida para someterse a operaciones peligrosas estaba indicando cierto desequilibrio psíquico.

El año 1946 no fue una excepción para su actitud voluntarista y ella acabó volando a Nueva York con la esperanza de que esta vez, la operación fuera tan exitosa como para hacer remitir sus dolores. El Dr. Wilson sería el cirujano a cargo.

El 2 de mayo de 1946. Kahlo le escribe a su hermana:

"Querida Cristi, ya estoy en el Hospital de Special Surgery de Nueva York, tumbada en una cama más dura que las piedras del Pedregal. ¿Querrás venir a acompañarme y estar presente durante la cirugía? Dile a Diego que me escriba, ¿sí? Te quiere, Friduchita."

Por supuesto Cristina viajó para estar con su hermana y sostuvo su mano temblorosa mientras le ponían la anestesia. Cuatro de sus vértebras lumbares fueron soldadas con la ayuda de un trozo de hueso de la pelvis y una varilla metálica de 15 centímetros. Poco tiempo después, Frida escribía a Alejandro Gómez Arias, jugando, pese a todo, con el idioma, como si en el fondo quisiese desdramatizar la circunstancia que la agobiaba:

"La big operación pasó. Hace ya tres weeks que procedieron a los cortes y recortes de huesos. Y el médico es tan maravilloso, y mi body tan lleno de vitalidad que hoy me han hecho levantar sobre mis puer feet durante dos minutos, pero ni yo misma me lo believo. Las dos first semanas fueron de sufrimientos y lágrimas, no deseo esos dolores a nobody –son buten de violentos y perniciosos–, pero esta semana el grito ha cesado y con la ayuda de pastillámenes sobrevivo más o menos bien. Tengo dos grandes cicatrices en the espalda, de this forma (dibujo)".

Frida pasó su convalecencia en la ciudad de Nueva York, bajo la prescripción de reposo absoluto y nada de pintura. Por supuesto no cumplió la consigna médica, ni siquiera estando todavía en el hospital, y unos meses más tarde regresó a México, donde estuvo durante ocho meses confinada en un corsé de acero.

El último amante subrepticio

Después de un corto período de mejoría, los dolores volvieron más fuertes que nunca. Esto trajo a su vida un anestésico bastante más potente que el alcohol: la morfina. Como los dolores persistieron, los médicos mexicanos creyeron que tal vez la fusión de las vértebras no se hubiera hecho correctamente. Así le pareció en ese momento a Alejandro G. Arias, quien declaró que el Dr. Wilson había unido las vértebras equivocadas.

Hubo otras teorías menos científicas para explicar el fracaso postoperatorio, como la de Lupe Marín, ex esposa de Diego, quien afirmaba que fue una noche estando en México cuando a Frida, "histérica", al no ver a Diego aparecer por casa, salió de la cama y se arrastró por los pasillos provocando la apertura de las heridas.

Un año más tarde se comprobaría la evaluación acertada de los médicos mexicanos. En una segunda intervención de características similares se confirmaron los peores temores: la mala praxis del Dr. Wilson le había ocasionado todos los posteriores perjuicios.

Los corsés se sucedieron uno tras otro. Su pierna derecha se atrofiaba a marchas forzadas y la dermatosis de la mano derecha había vuelto a aparecer. La moral de Frida se hundía en alcohol y en suministros clandestinos de morfina, cuyo origen nunca se pudo verificar fehacientemente.

A esa altura de los acontecimientos, con mucha dificultad física real para pintar, sería la literatura epistolar el único recurso que la mantendría a salvo de perder la cordura por completo.

Generalmente escribía cartas de amor. Unas veces a Diego, otras a un galán secreto de cuya existencia sólo sabían su hermana Cristina y sus amigos Enrique y Ella Wolfe, su confidente más fiel y a la que en múltiples ocasiones le rogaría no divulgar jamás la identidad del personaje.

"Mara y Sonja" eran los alias de guerra que habían elegido Frida y su amante oculto, el pintor catalán José Bartolí, un refugiado llegado a México en el año 1942.

Entre 1946 y 1952, él fue para Frida una luz callada en el tiempo, y acabó por volverse un gran arcano, una caja de recuerdos enterrada. Enriqueta, cuñada del pintor fallecido en 1995, accedió en una ocasión a descorrer el velo de su relación:

"Tuvieron una aventura de amor bastante particular. José decía que, para él, Frida era como su madre. De hecho, la llamaba *mare*, así, en catalán. José hablaba de Frida como de una persona muy dulce, amorosa, sentimental. En repetidas ocasiones expresaba su admiración por ella: `es muy inteligente, una gran artista', decía. Contaba que no andaba bien de salud y que estaba imposibilitada en una cama. Pero para José era un amor sincero, una aventura muy bonita en la que –según nos dijo– ella también lo quería. "

Viejo y enfermo, aquel pintor de hidalgo anonimato regresó a su tierra, para "enterrar el amor de su vida". En un baúl guardó cintas de seda, pañuelos, algunos dibujos, cartas y poemas que le dedicó Frida… El rosario de vestigios de un amor de ocaso, un amor salvífico.

Espejo de la noche

En el diario íntimo de Frida, no consta sin embargo otro destinatario de amor que no sea su esposo:

"Diego: Nada es comparable a tus manos ni nada igual al oro verde de tus ojos. Mi cuerpo se llena de ti por días y días. Eres el espejo de la noche. La luz violenta de los relámpagos. La humedad de la tierra. El hueco de tus axilas es mi refugio. Mis yemas tocan tu sangre. Toda mi alegría en sentir brotar tu vida de fuente/flor que la mía guarda para llenar todos los caminos de mis nervios, que son los tuyos".

Ni rastro de José; se diría que Frida había conseguido desdoblarse, ocultarse a sí misma aquello que ya no coincidía con la versión lineal, unívoca de su personaje y del objeto de su adoración. Como un devoto que olvida sus blasfemias, ella borraba de su diario todo sacrilegio que la apartara de su culto personal.

La contrapartida milagrosa de este largo episodio de terror físico, al margen de la historia de amor subterránea y vedada que configuró el artista catalán, son los cuadros de Frida: dolorosos, enigmáticos, pero a la vez transparentes, bellos: *El venado herido* y *Árbol de la esperanza mantente firme* (título tomado de "Cielito lindo", una canción popular veracruzana). Allí muestra a otras "dos Fridas" muy distintas a las que pintara años antes. Aquí, la de la izquierda es la Frida que tumbada de espaldas sobre una camilla de hospital acaba de salir del quirófano; la otra es la figura de una Frida tehuana y llena de vitalidad. La composición queda dividida verticalmente en dos mitades: una de día y la otra de noche.

El cuerpo magullado y sangrante está asignado al sol, que en la mitología azteca –siendo el dios de la muerte y de la resurrección– se nutre de sangre humana proveniente de sacrificios. Las dos heridas en su espalda tienen eco en las fisuras del paisaje desolado que hay detrás.

La otra Frida, está asignada a la luna, símbolo de la feminidad. En su mano sostiene el corsé que ella ansía abandonar para siempre.

Rivera en su laberinto y una Frida auxiliadora

Hacia 1947, Diego Rivera produjo una de sus obras más imponentes: *Sueño de una tarde dominical en la Alameda Central*, en el entonces recién construido Hotel del Prado de la Ciudad de México. El mural, pintado al fresco, fue pensado para el salón comedor Versalles del hotel. Se extendía en dimensiones importantes (4.70 x 15.60 ms.), incluso para las que estaba habituado a trabajar su autor, y pesaba 35 toneladas, considerando una estructura metálica que lo reforzaba.

Allí, Diego recreaba un imaginario paseo por la Alameda, donde ponía en juego los recuerdos de su niñez y juventud, a través de personajes que conoció, componiendo una síntesis de la historia de México, representada por algunos de sus protagonistas más significativos.

Durante la misma época, pasó a integrar junto con José Clemente Orozco y David Alfaro Siqueiros, la comisión de Pintura Mural del Instituto Nacional de Bellas Artes, lo cual sin embargo llegó acompañado de una grave neumonía, que lo mantendría hospitalizado y daría la oportunidad a Frida de invertir al menos durante unos días los roles habituales.

Ella, por su parte, recibiría honrada el segundo premio de la Exposición Anual del Palacio de Bellas Artes de Ciudad de México por el cuadro *Moisés*, una suerte de mural en miniatura que alegoriza el nacimiento del héroe bíblico. Allí, la Kahlo volvió a sorprender tras un largo período de ausencia pública. Lo hizo presentándose a recibir su galardón, ataviada de princesa y con el rostro radiante, a pesar de su torso de hierro y su espalda todavía débil.

Al año siguiente, como lo había hecho en años anteriores, Frida trataba de darles vuelo a sus discípulos. En febrero le escribiría al primer director del Instituto Nacional de Bellas Artes (INBA) para solicitarle una ayuda económica para que los Fridos pudieran hacer un viaje de trabajo de pintura a Yucatán. Ávida con la pluma y sirviéndole de impulso sus estrecheces monetarias, también se dirigiría al director fundador de la escuela La Esmeralda para pedir consejo sobre cómo seguir percibiendo su sueldo de maestra a pesar de no poder ir a impartir las clases presencialmente.

Para salir del paso, tendría que vender *Las dos Fridas* a un precio irrisorio de cuatro mil pesos. ¿El comprador? El Museo de Arte Moderno de la ciudad de México.

Como continuaban sus preocupaciones monetarias y con el fin de poder adquirir sus medicinas, tendría que hacer una nueva demanda de dinero en una venta de cuadros para el doctor Fastlicht y en paralelo, organizar una colecta individual entre sus amigos.

El año 1948 parece estar marcado por largas cartas y la ausencia física de Diego en la Casa Azul. La desazón moral de la pintora sería tan grande que la llevaría a escribirle a su esposo:

"Desafortunadamente ya no soy buena para nada, y todo el mundo ha usurpado mi lugar en esta pinche vida..."

Mientras tanto, el maestro Rivera se paseaba altivo por los valles de la enfermedad: sus ojos, sus dientes y ahora una nueva dolencia: el cáncer recién descubierto durante su viaje a Rusia (según el diagnóstico, "incurable"), y para el que los médicos recomendarían la amputación del pene. Diego, probablemente después de haber puesto el grito en el cielo, se negaría en rotundo.

En su lugar, debería someterse a demoledoras sesiones de quimioterapia que finalmente lo curarían. Como Frida, el gran muralista se serviría de su tosco humor para desdramatizar la desgracia; y así, uno de los días en los que trabajaba con los Fridos en el mural del Hotel del Prado entraría diciendo:

"Quiero que sepan que yo ya no tengo erección: así que ¡a trabajar!"

Aquel mural traería consigo un gran escándalo:

– *Muchachos. En las escenas de la Inquisición quiero poner mucha sangre para que los gringos, cuando estén comiendo sus filetes, sientan con la vista la sangre que están deglutiendo. También pintaremos cerca de la figura del Nigromante un letrero que diga "Dios no existe".*

Según la prensa, los arrendatarios del Hotel del Prado cubrieron con tablas el mural de Rivera por irreverencia religiosa. Sin embargo y al parecer, el verdadero motivo de la censura no habría sido aquella leyenda sino el hecho de haber representado al entonces presidente Miguel Alemán Valdés y al ex presidente Ávila Camacho en una situación visual que incluía fajos de dinero, insinuando una eventual forma de corrupción oficial.

La anécdota viene a cuento por cuanto permitió a Frida, una vez más, ocupar un rol diferente respecto de Diego, resolviéndole problemas ella a él. Así fue que medió en el asunto por vía epistolar y acabó resolviendo el entuerto. Alemán Valdés, como le recordaría Frida en su misiva, había sido compañero suyo en la Escuela Preparatoria.

A finales de año Diego regresó a casa. Frida seguía atorada con el costeo de sus tratamientos médicos, pero continuaba con sus exposiciones, esta vez participando en una exhibición de cuarenta y cinco autorretratos de pintores mexicanos. Todo indicaba que la Kahlo, lejos de haberse entregado a la crueldad del destino, seguía dando batalla.

Capítulo VIII
Para siempre en mis brazos

Cuando Emma Hurtado entró en las vidas de los Rivera-Kahlo corría el año 1947.

Emma había puesto una galería de arte y se dedicaba a promover la pintura del maestro Rivera, cuya venta de cuadros se estaba convirtiendo en el sustento económico de la pareja, de sus respectivas familias y era la fuente de salario de todas las personas que trabajan en la casa de Coyoacán: Chucho, el mozo de siempre, los sirvientes, los albañiles, el chofer.

Con el paso del tiempo, Emma se convirtió en la asistente personal de Diego, haciendo las veces de vendedora, chofer, guardaespaldas y hasta prestamista cuando él no llegaba a pagar las cuentas, anticipos que casi siempre devolvía Rivera en cuadros, lo que implicaba una ganancia invisible pero creciente para Emma. Diego se acostumbró a depender de ella y a dejarle todo en sus manos. Frida, que no le tenía simpatía, jugando con su apellido la llamaba "la hurtadora"; pero nunca podría imaginar hasta qué punto ese mote era adecuado.

Quizás lo único resaltable del año 1949 fue la exposición retrospectiva de la obra de Diego que se montó en el

Instituto de Bellas Artes de México. En cuanto al calendario de acontecimientos reseñables para Frida, casi se mantuvo en blanco, salvo por la escritura de un ensayo que con los años haría historia: *Retrato de Diego*. Allí describía, en su particular lenguaje, la visión más genuina que tenía de su hombre. Lo hacía en líneas memorables como las que siguen:

"La forma de Diego es la de un monstruo entrañable, al cual abuela, Antigua Ocultadora, la materia necesaria y eterna, la madre de los hombres, y todos los dioses que ellos inventaron en su delirio, originados en el miedo y el hambre. La Mujer, entre todas ellas –YO– quisiera para siempre retenerlo en brazos como a un niño recién nacido".

Olor a perro muerto

En 1950, el parte médico del doctor Eloesser cae como una losa sobre Frida: la espalda está llena de cicatrices y marcas causadas por los corsés llevados durante años; la pierna derecha extremadamente atrofiada; cuatro puntas de los dedos del pie gangrenadas; la columna vertebral en tal lamentable estado que no sabe si recomendar otra intervención quirúrgica. Medida urgente: amputar los dedos que le quedan del pie. Las cartas de Frida enviadas a Eloesser son elocuentes:

"Querido doctorcito: El doctor Glusker me ha traído a un tal doctor Puig para verme. La opinión que mi pie le merece coincide con la suya; recomienda amputar los dedos hasta el metatarso. No conozco bien a ese doctor. No tengo dinero para costear los gastos de la operación de la espalda y no quiero pedirle más dinero a Diego. ¿Qué voy a hacer? Le cuento además que un médico joven llamado

Julio Zimbrón me está administrando unas inyecciones de gases ligeros (creo que helio, hidrógeno y oxígeno o algo así) para hacer desaparecer la gangrena. Pero por más aires que este señor le insufla a mi pie, éste ni vuela ni se recobra…"

La operan entonces en el Hospital Inglés. Vuelven a soldarle las vértebras de la columna con un pedazo de hueso donado. Todo parece ir bien hasta que Frida debe reingresar al hospital a causa de unas fiebres altas. Bajo el corsé, siente que su carne inflamada late con fuerza.

La recibe el doctor Farril, que está de guardia, y comprueba al examinarla que la herida del pie se ha infectado. Le curan el absceso. Pero no logran evitar lo peor. La herida se niega a cicatrizar. Volverá a infectar una y otra vez.

Frida, ya sin inmunidad, pierde sus postreras fuerzas. Le practican trasfusiones de sangre, le suministran cantidades ingentes de vitaminas…y para el dolor, otra vez morfina; única y última caricia en su castigado final.

Su hermana Matilde mantenía al doctor Eloesser al tanto de la evolución de la paciente:

"Huele a perro muerto y dicen estos señores que no se cierra la herida. A mí me parece que la pobre niña es una víctima de ellos."

Un día Isolda, la sobrina de Frida, fue a visitarla al hospital como tantas otras veces. Su tía quiso mostrarle sus cicatrices, e Isolda recuerda esa escena en su libro:

"Me quedé tan impresionada al constatar que los médicos dejaron toda su espalda como una ventana abierta, para continuar efectuando posibles intervenciones o curaciones. Me preguntó '¿Cómo me ves?, y yo impactada –pues de la herida emanaba un desagradable olor–

únicamente atiné a responder que la veía más o menos bien. Ella insistió: 'Iso tienes que decirme la verdad'. 'Tía, no soy doctora, pero pienso que pronto te vas a componer'. No me creyó."

En mejores épocas, entre operación y operación, Frida siempre había regresado a Coyoacán. Cuando sentía una ligera mejoría por leve que fuera, enseguida respiraba hondo y le pedía a su sobrina Isolda que bailara para ella; y ni corta ni perezosa, contagiada por la sinuosidad de la joven, se lanzaba a acompañarla sonriente, aun con su cuerpo encorvado. Pero por encima de cualquier cosa, convertía su higiene en ritual. Le encantaban los largos baños de sales y burbujas. Acto seguido, se vestía muy elegante y se iba a desayunar, para luego ponerse a pintar o a escribir en su diario.

Pero desde aquella última infección, las posibilidades de regreso a casa fueron nulas. El año 1950 Frida lo pasó hospitalizada. Su habitación se convirtió con el pasar de los meses en una cueva de tesoros similar a la de la Casa Azul, llena de libros, cajitas, tubos de pintura, cartas, dibujos, lienzos para pintar, fotos, tesoros, candelabros y hasta una paloma con alas de papel...

Diego decidió alquilarse una habitación contigua para poder estar al lado de su mujer y, algunas noches, dormir allí. Para que ella no dejara de pintar, el hospital permitió que instalaran en su cama un caballete; así podría hacerlo tumbada, sin poner en riesgo su espalda.

Para noviembre de ese año ya llevaba acumuladas seis operaciones en menos de diez meses Durante aquella convalecencia iniciaría el *Retrato de la familia de Frida*, en el que trabajaría hasta el final de su vida para finalmente, dejarlo inacabado.

Yo soy la desintegración

En 1951, Frida es dada de alta y vuelve a su casa. Lo hace en silla de ruedas. Ya no volverá a caminar. Intenta renovar el sentido de su pintura afectándola de un carácter político-social, que pueda rendir honor a la causa del comunismo, lo cual coincide con su reinserción (luego la imitará Diego) en el Partido Comunista. Su diario personal se torna más informativo y hasta político, como si estuviese sentando las bases de una futura autobiografía que, sin embargo, nunca escribirá:

"He estado enferma un año. Siete operaciones de columna vertebral. El doctor Farill me salvó. Me volvió a dar alegría de vivir. Todavía estoy en la silla de ruedas, y no sé si pronto volveré a andar. Tengo el corsé de yeso que a pesar de ser una lata pavorosa, me ayuda a sentirme mejor de la espina. No tengo dolores. Solamente un cansancio de la… tiznada, y como es natural muchas veces desesperación. Una desesperación que ninguna palabra puede describir. Sin embargo tengo ganas de vivir. Ya comencé a pintar. El cuadrito que voy a regalarle al Dr. Farill y que estoy haciendo con todo mi cariño para él. Tengo mucha inquietud en el asunto de mi pintura. Sobre todo por transformarla para que sea algo útil al movimiento revolucionario comunista, pues hasta ahora no he pintado sino la expresión honrada de mí misma, pero alejada absolutamente de lo que mi pintura puede servir al partido. Debo luchar con todas mis fuerzas para que lo poco positivo que mi salud me deje hacer sea en dirección a ayudar a la revolución. La única razón real para vivir."

Cuando Frida pinta *El círculo* parece trazar la inquietante sinopsis del período tan frágil que está viviendo.

Muchos críticos han coincidido en definirla como la expresión violenta de un dolor que ya preludia su desintegración física. Allí vemos su cuerpo desnudo. Faltan la cabeza, los brazos y las piernas. Los trazos son imprecisos, rabiosos, sin el detalle y cuidado habituales; ni rastro de su típico materialismo ocultista; hay ausencia de realismo monumental, es decir, todo parece ser producto de una pesadilla distorsionada, salpicada por manchones verdes donde el cuerpo semeja fundirse con la tierra. Otra vez, la premonición propia del arte: sin saberlo, la pintora estaba leyendo su futuro inmediato a través de ese óleo.

Para esta época, las cosas habían llegado muy abajo. Frida sólo podía conciliar el sueño con la ayuda de pastillas y en presencia de alguien. Con frecuencia, la única disponible era su enfermera, lo cual la deprimía aun más, pues sentía que empezaba a quedarse irremediablemente sola.

Los efectos de las medicinas mezclados con el alcohol generaban en ella un efecto devastador. Muchas veces la encontraban desmayada, o con la vista perdida en el vacío, o envuelta en una ola de irascibilidad y enfado que proyectaba contra el mundo. El otrora sentido del humor, salvador de muchas de sus crisis, había perdido fuelle. Tequila, brandy, coñac… A veces lo mezclaba todo.

– *¡Judith! ¡Cristi! ¡Iso! ¿Es que no hay nadie en esta maldita casa que me pueda oír? ¡Esta inválida necesita ayuda!*
– *¿Qué ocurre, Fridita?*
– *Dile a Chucho que se venga a tomar un vaso de tequila conmigo.*
– *Ya has bebido demasiado. Estando medicada ni siquiera deberías tomar una gota de lo que ya has tomado.*
– *¡No es tu asunto! ¡Te digo que lo llames!*
– *¿No te das cuenta de que te estás matando, Frida? ¿Acaso no te quieres recuperar?*

– ¿Es que hay posibilidad de recuperación? Ya no sirvo para nada, ni siquiera para pintar. Lo tiro todo, me echo encima las pinturas, ¡mírame, Cristi! Mira en qué estado estoy. No tengo ganas de nada, ni me soporto ni soporto a los demás. No hay cuerpo, Cristi. Ya no tengo cuerpo. ¡Con las ganas de vivir que me consumen! ¡Con lo poco que viajé! ¡Si sólo tengo cuarenta y cinco años!

Pintura por medicinas

Hacia finales del año 1952, Frida se dedicó a pintar mayoritariamente naturalezas muertas, que ella gustaba de llamar "naturalezas vivas" o "viva la vida". Las frutas denotan efectivamente sentimientos: hay cocos que lloran, expresivas sandías heridas, tan precisamente abiertas que parecen haber sido cortadas quirúrgicamente…

Además politiza estos óleos introduciendo elementos como banderas de México o palomas de la paz. Muchas de ellos tienen la división típica del fondo en dos mitades: diurna y nocturna, como para querer simbolizar la eterna lucha entre la luz y las tinieblas.

Hay una triste anécdota en relación al bodegón pintado en 1952 (*Naturaleza viva*). Fue un encargo de la actriz Dolores del Río. Cuando lo hubo terminado, mandó a que alguien lo llevara a Dolores junto con una carta en la que le rogaba le pagara los 1000 pesos que le había prometido porque necesitaba desesperadamente el dinero para pagarle al doctor y comprar sus medicinas.

Cuando Diego se enteró de la actitud mendicante de su esposa montó en cólera y le escribió una disculpa a la actriz en la que además le endosaba de vuelta el dinero "exigido".

– ¿Pero es que te has vuelto loca? ¿Por qué quieres también perder la dignidad? ¡Los artistas no mendigan!

– *¡No lo entiendes, Gordo! ¡No entiendes que sin las medicinas este dolor es insoportable! ¡Ya no aguanto más!, ¿me oyes? Tendría que haber muerto hace mucho tiempo.*
– *¿Qué ese disparate, niñita? No digas esas cosas, por favor. No puedo oírte hablar así.*
– *Me estoy destruyendo, Diego. Ya no queda nada de mí.*

El 8 de diciembre se reinauguraron los murales de la pulquería La Rosita. Coincidiendo con el sexagésimo sexto cumpleaños de Diego, se hizo una gran fiesta local. El barrio de Coyoacán, como en aquella ocasión en 1943, se vistió de guirnaldas y flores de colores. Los Fridos, con García Bustos y Estrada de máximos representantes, vieron comer y bailar a todo el vecindario y a la familia Kahlo-Rivera completa, Frida incluida. Al caer la noche, la pintora quiso retirarse a la Casa Azul.

– *Estás muy cansada, ¿no Frida?*
– *¡Pero qué dices! ¡Si esto acaba de empezar! Te traje aquí para que me ayudaras.*
– *¿Ayudar en qué?*
– *Escucha, Rosa, ¡estoy harta de esta mierda de corsé! Y me lo quiero quitar. Si pudiera me lo arrancaría, pero no tengo fuerzas, así que necesito que me ayudes a desabrocharlo.*
– *Pero Frida, ¿cómo vas a hacer para aguantar el dolor y mantenerte erguida?*
– *¡Ah! Eso no lo sé, pero quiero bailar. Y mis ganas pueden más que ese chisme inmundo. ¡Nunca más me lo pondré! ¡No importa qué me pase!*

Frida había tomado tantas drogas mezcladas y rociadas con tequila que tenía el cuerpo totalmente anestesiado. Y pese a todo, bailó aquella noche con todos los demás, cantando y riendo al compás de la música, sin más sostén que el de su propia espalda.

¡Viva la Frida!

Era el año 1953 y Frida seguía llevando el corsé. Ahora necesitaba cuidados las veinticuatro horas del día. Había perdido mucha sensibilidad en los dedos y le dolía muchísimo su pierna derecha. Diego estaba poco y nada en la casa. Había comenzado un mural en el Teatro de los Insurgentes y pasaba la mayor parte del tiempo pintando. A pesar de sus viajes por Austria y Chile, entre otros destinos y proyectos profesionales, no resaltaría ese año nada en particular para él.

En cambio, en el mes de abril tuvo lugar la exposición que Lola Álvarez Bravo quiso realizar en su Galería de Arte Contemporáneo en honor a Frida, como un homenaje en vida. Al parecer, ya todos presentían que la partida de la Kahlo era inminente. Frida, entusiasmada, redactó ella misma la invitación a la exhibición, y además lo hizo en verso. Dado que no podía levantarse por indicación médica, volvió a sorprender a todos, esta vez, presentándose a la muestra acostada en su propia cama. Y en ambulancia.

Las sirenas anunciaron su llegada; la novia de la vida iba tumbada en su carruaje blanco. Cuando los camilleros la bajaron, un tumulto de gente se abalanzó sobre ella. Muchos querían besarla, otros darle la mano, otros bendecirla: la inválida María Izquierdo, el vagabundo pintor Goitia, el anciano doctor Atl, de barbas blancas y mejillas sonrosadas…

La escena resultaba estrafalaria y fantasmal. Ningún cineasta moderno la hubiese planteado mejor que aquella realidad misma. Frida reía a carcajadas. Trataba de abrir y mover sus grandes ojos para mirar en derredor y comunicarse. Pero había tomado tanto demerol (un analgésico opioide con efectos similares a la morfina) que apenas podía hilar un diálogo. El bullicio de la gente querida la acunaba. Experi-mentaba oleadas de calor y bienestar. Sentía que se aproximaba a algo que finalmente, acaso, fuese su alivio.

Diego que la contemplaba con ternura, tiempo después, en su autobiografía, daría su versión de aquél desfile mágico:

"Apareció como una heroína en medio de sus amigos y admiradores. Frida estaba sentada en la sala, feliz, tranquila y muy contenta por el gran número de personas que le rendían cordialmente el homenaje. Apenas pronunció una palabra. Más tarde se me ocurrió que seguramente se había dado cuenta de que se estaba despidiendo de la vida".

Espero alegre la salida

Así definía poéticamente Frida Kahlo su última producción, a propósito de la muestra de 1953, en su diario personal:

"La vida callada.../ dadora de mundos.../ Venados heridos/ Ropas de tehuana/ Rayos, penas, soles/ ritmos escondidos/ 'La niña Mariana'/ frutos ya muy vivos./ La muerte se aleja-/ líneas, formas, nidos./ Las manos construyen/ los ojos abiertos/ los Diegos sentidos/ lágrimas enteras/ todas son muy claras/ cósmicas verdades/ que viven sin ruidos./".

Mientras tanto, Diego pasaba la mayor parte del tiempo lejos de ella, que le escribía incansables cartas:

"Diego, amor. ¿Qué tal en ese congreso? ¿Intercambiasteis opiniones con Neruda? Por aquí todo igual. Me consumo en esta cárcel de sábanas blancas. Regresa pronto, te lo suplico, porque México no es México sin ti. "

Diego volvería, pero esta vez convocado por una noticia terrible, que vendría a oscurecer más aquellos últimos días de su esposa: su pierna derecha se había infectado con gangrena y era necesario amputarla por debajo de la rodilla.

Frida pasó por el quirófano y al salir, entró en un silencio insondable. Rehusaba el consejo médico de llevar una prótesis, negándose a aceptar la idea de haberse convertido finalmente, en aquella "Frida Kahlo, pata de palo" que le lanzaban en la escuela.

Un día tomó el cuaderno de tapas rojas, su diario, y buscó el dibujo que había hecho meses antes; donde se veía la figura de una mujer suspendida en el espacio, que parece estar precipitándose lentamente contra el suelo. A aquella muñeca ya le faltaba una pierna. Al lado, con letras mayúsculas había escrito "Yo soy la desintegración".

Sonrió con amargura. Siempre conoció su destino aunque nunca lo había querido ver. Después trazó unas líneas. Una paloma que hace de cabeza; unas alas grandes en lugar de brazos; una columna que divide en dos un torso femenino; la correa de un corsé de acero que une las dos mitades; dos piernas diferentes: una desnuda (apoyo número 1) y otra envuelta en una venda en espiral sin pie en su extremidad (apoyo número 2). "Se equivocó la paloma, se equivocaba", anotó al pie del croquis.

Desde aquí en adelante, todo fue barranca abajo.

Para Diego, que en un berrinche final y egoísta tendría un romance con la tal Emma Hurtado.

Para Frida, que intentaría suicidarse varias veces, no sólo por esto, sino por todo.

Dejaron de gustarle las visitas. Ni siquiera soportaba ver a los niños. Las dosis de estupefacientes y de alcohol subían, llegando a varios litros por día. El final estaba anunciado...

El 13 de julio, gravemente enferma de neumonía, Frida falleció en la Casa Azul. La causa de su muerte fue consignada oficialmente como "embolia pulmonar". Se sospecha que pudo ser suicidio, pero eso nunca se pudo confirmar. La última entrada de su diario reza: "Espero alegre la salida y espero no volver jamás".

Las cenizas distantes

A las seis de la tarde se preparó el cuerpo de Frida. La ataviaron de tehuana y le cubrieron las manos de anillos. El cortejo salió para Bellas Artes. Diego viajó solo con su chofer porque no podía soportar a nadie.

La incinerarían. Frida le había dicho a uno de los Cachuchas, poco tiempo antes de morir, que no quería ser enterrada porque ya había sufrido mucho tumbada, por lo que prefería que quemaran su cuerpo. Así se hizo.

Diego confesaría en su diario:

"Fue el día más trágico de mi vida, perdí a mi querida Frida para siempre... Demasiado tarde me di cuenta de que la parte más maravillosa de mi vida había sido el amor que sentía por Frida".

Después de aquello, dicen sus familiares y amigos, Diego envejeció de repente. Se marchitó poco a poco, volviéndose lánguido y triste. Cuentan que un día, hablando con uno de los Fridos, Diego dijo:

– *Me voy a casar. Con Emma. Emma Hurtado.*
– *¡Pero, maestro! ¿Por qué con una mujer tan fea?*

Diego se encogió de hombros sonriendo con tristeza:

–*No lo sé. Porque quizás uno acaba enamorándose de la mujer que tiene al lado. Además donaremos la Casa Azul al pueblo de México, para que lo conviertan en museo.*

Diego siguió pronto a Frida. Falleció de un fallo cardíaco el 24 de noviembre de 1957, a la edad de setenta años. En contra de su última voluntad, fue sepultado en la Rotonda de los Hombres Ilustres del Panteón Civil de Dolores. Él había pedido ser incinerado, y que sus cenizas se mezclaran con las de Frida.

Epílogo

En la mitología original mexicana, como en otras culturas, no existe la taxativa dicotomía entre la vida y la muerte. La muerte es un proceso de transformación que vamos cursando desde el momento mismo de nacer. Transcurrimos. En tanto y en cuanto supone un cambio de estado declarado como realidad inherente a la propia naturaleza, la muerte no es una desgracia mayúscula sino un vecino del hombre y la mujer común. Un vecino cotidiano que, incluso, desdramatiza y da fluidez a la vida.

Frida y Diego, individualmente y como pareja, parecen ser la encarnación misma de este sentimiento. Porque nacen muriendo o porque mueren viviendo constantemente, valgan ambos juegos de palabras.

Así, el "malditismo" biográfico que asoló sus vidas (particularmente la de Frida) permite ser leído como un emblema desmitificador de la tragedia occidental convencional. Frida es dolor y accidente constante, a tal punto que muchos se preguntan cómo afrontó todo aquello sin pensar desde el comienzo en el suicidio. Pues no, convirtió su dolor en su alimento, en correlato, en color. Diego, por su parte, y de otro modo, también vive hermanado a la

muerte, a la violencia, a la autodestrucción, a una voracidad ajena a las consecuencias.

Juntos, componen y detonan una sinergia tan particular
como la que surge del pueblo mexicano en su conjunto. Y
evocan una imaginería donde, vaya paradoja, con la omnipresencia de la muerte, la vida nunca deja de ser un juego.
Ese valor lúdico es el que vemos representado en la obra
de ambos y en la propia unión de ellos como pareja.
Nunca dejarán de herirse, nunca dejarán de amarse,
nunca dejarán de traicionarse, nunca *se* dejarán.

En ese vínculo indestructible se constituyen sus vidas,
pero aceptando la fatalidad en toda su dimensión, es decir,
danzando con ella a la vista de todos; no ocultándola maní-
acamente. Por eso Diego y Frida son tan mexicanos y tan
poco "gringos". Aunque no lo digan, lo sienten, lo palpitan:
la muerte es el origen de la vida. La vida deviene en muerte, de modo que la consigna alegórica de esta filosofía
implica darle valor y espacio total al presente.

En una de sus tantas cartas a Alejandro, el primer novio
que tuvo, Frida bromearía con esto y le contaría un sueño
repetido a lo largo de su vida en el cual ella ve a la muerte
rondarle alrededor de la cama. Pero a ella le da una incon-
tenible risa y sus carcajadas la espantan.

Finalmente, cual víctima reclamada, la muerte de Frida
y Diego, una misma muerte desde que ellos se funden en
organismo único, se resiste a cruzar la mítica laguna
Estigia y recibe el castigo de vagar en pena por la vida. Su
respuesta es entonces el dolor en el cuerpo. Ésa es la con-
cesión de la Muerte: un cuerpo vivo a medias.

¿Y cuál es la respuesta de los amantes?

Arte. Arte. Así, unidos en arte (y no *por el arte*, lo cual
suena tan vulgar como moral) construyen y dinamizan
un nexo mucho más poderoso que racional, mucho más
carnal que intelectual, y mucho más humano, en su com-
plejidad, que meramente "pasional".

Tales son las rarezas que hacen a esta pareja mexicana, pagana, libertina, trágica, deslumbrante, cuya historia dio la vuelta al mundo y revolucionó la pintura, pero también el firmamento moral de la sociedad que a la vez de contenerlos, los condenaba.

Hoy, Frida y Diego, como artistas, como luchadores libertarios desde su propia anarquía, como mujer ella, como hombre él, siguen despertando nuevas voces éticas y estéticas sobre la vida y sobre la muerte.

Bibliografía

- Barrera, Norma Anabel: *Frida Kahlo y Diego Rivera*, México, Editorial Planeta, 2004.
- Herrera, Hayden: *Frida, una biografía de Frida Kahlo*, México, Editorial Diana 1984.
- Jamís, Rauda: *Frida Kahlo, Autorretrato de una mujer*, México, D.F., Edivisión Compañía Editorial, 1995.
- Kahlo, Frida: *El diario de Frida Kahlo* (Introducción: Carlos Fuentes), México, La Vaca Independiente S.A., 2001.
- Kahlo, Isolda P.: *Frida íntima*, Bogotá, Ediciones Dipon, 2004.
- Kettenmann, Andrea: *Diego Rivera: (1886-1957), un espíritu revolucionario en el arte moderno*, Köln, Benedikt Taschen, 1997.
- Le Clezio, Jean-Marie Gustave: *Diego y Frida*, México, Editorial Diana, 1996
- Maiz, Magdalena: *Frida Kahlo: biografía*, México, Universidad Veracruzana, 1985.
- Martín Lozano, Luis: *Frida Kahlo, El círculo de los afectos*, Colombia, Cangrejo Editores, 2007.
- Papini, Giovanni: *Vida de Miguel Ángel*, Buenos Aires, Emecé Editores, 1980.

- Poniatowska, Elena: *Querido Diego, te abraza Quiela*, México D.F., Era, 1978.
- Salber, Linde: *Frida Kahlo*, Madrid, Edaf S.A., 2006.
- Wolfe, Bertram: *Diego Rivera: su vida, su obra y su época*, Santiago de Chile, Ediciones Ercilla, 1941.

RECURSOS ELECTRÓNICOS

www.elportaldemexico.com/artesplasticas/fridaII.htm
www.diegorivera.com/index.php
www.fridakahlofans.com
www.riveramural.com/article.asp?section=mural&key=9
99&language=spanish
www.wikipedia.com
www.fridakahlo.com
www.museofridakahlo.org
www.museomuraldiegorivera.bellasartes.gob.mx

ÍNDICE

Made in the USA
Middletown, DE
22 December 2020

29789758R00096